LE LIVRE DE LA VERTU

LA VERTU

Ibn Hazm

Votre livre gratuit

Pour vous remercier de votre achat, nous souhaitons vous offrir une copie gratuite en version PDF de notre livre :

« La Guérison des Âmes »

Accédez à la page ci-dessous pour l'obtenir : https://www.muslimlife.fr/guerison-des-ames-offert/

Bonne lecture !

L'équipe de MuslimLife.

Table des matières

Votre livre gratuit 3

Chapitre 1 : Introduction 6

Chapitre 2 : Le traitement des âmes 8

Chapitre 3 : Le repos de l'esprit 14

Chapitre 4 : Le savoir 19

Chapitre 5 : Éthique et comportement 25

Chapitre 6 : L'amitié 43

Chapitre 7 : Les différents types d'amour 56

Chapitre 8 : la beauté physique 63

Chapitre 9 : la moralité utile 65

Chapitre 10 : Le traitement des caractères corrompus 78

Chapitre 11 : Les caractéristiques de l'âme 103

Chapitre 12 : Le désir d'apprendre chez l'Homme .. 106

Chapitre 13 : Assister aux assises du savoir.................. 111

Nos autres éditions 116

Chapitre 1 : Introduction

Au Nom d'Allah, le Tout-Miséricordieux, le Très-Miséricordieux.

Abu Muhammad 'Ali Ibn Ahmad Ibn Sa'id Ibn Hazm Al-Andalusi (qu'Allah lui fasse miséricorde) a dit :

Louanges à Allah pour Ses dons immenses. Qu'Allah bénisse Muhammad, Son serviteur, le sceau de Ses Prophètes et Messagers, qu'Il leur accorde des bénédictions éternelles.

Je m'en remets à Lui concernant chaque habilité ou force que je peux posséder. Je cherche Son aide et Sa protection contre toutes les sortes d'horreurs et de maux de ce monde. Qu'il me délivre de toutes les terreurs et souffrances de l'au-delà.

J'ai réuni dans ce livre de nombreuses idées dont Allah, Le Pourvoyeur d'intelligence, m'a permis de tirer profit au fur et à mesure que les jours se succédaient et que les situations changeaient. J'ai ainsi pu comprendre les vicissitudes du destin et gérer ses fluctuations, dévouant une grande partie de ma vie à cela.

J'ai choisi de venir à bout de ces problèmes par l'étude et la réflexion plutôt que de me plonger dans les divers plaisirs sensoriels qui attirent la plupart des âmes sur cette terre ou que d'amasser des richesses superflues.

J'ai réuni toutes mes conclusions dans cet ouvrage, avec l'espoir qu'Allah en fasse profiter qui Il veut parmi Ses serviteurs à travers les thèmes sur lesquels j'ai travaillé dur, y dévouant tous mes efforts et réfléchissant longuement sur eux.

J'espère qu'il sera bien reçu. Je le mets à disposition de bon cœur et avec de bonnes intentions.

S'il médite dessus et si Allah lui permet d'en faire bon usage, ce livre sera plus profitable à son lecteur que les trésors et les biens matériels.

Quant à moi, mon espoir dans ce projet est de gagner la plus grande des récompenses d'Allah, car mon intention est d'aider Ses serviteurs, de guérir ce qui est corrompu dans leur personne, et de soigner les maux de leurs âmes.

J'implore l'assistance d'Allah.

Chapitre 2 : Le traitement des âmes

Le plaisir que tire un homme avisé de son bon sens, un savant de sa connaissance, un sage de sa sagesse et le plaisir de celui qui travaille dur à satisfaire Allah Tout-Puissant, sont plus grands que le plaisir qu'un gourmet tire de sa nourriture, qu'un buveur tire de ses gorgées, qu'un amoureux tire de l'acte sexuel, qu'un conquérant tire de sa conquête, qu'un noctambule tire de ses divertissements ou qu'un dirigeant tire de son pouvoir.

La preuve de cela est que le sage, l'avisé, le savant et le musulman pratiquant sont capables de jouir de ces plaisirs autant que l'homme qui s'y livre.

Cependant, ils ont choisi de s'en abstenir et de se détourner d'eux, préférant partir à la recherche de l'excellence morale.

Personne ne peut juger ces deux [types de plaisirs] à l'exception de celui qui les a tous les deux connus, non pas celui qui n'en a connu qu'un et pas l'autre.

Si tu médites en profondeur sur ce bas monde, tu seras pris de mélancolie. Tu finiras par réfléchir sur la nature éphémère de tout ce qui se trouve ici-bas et sur le fait que la vérité ne réside que dans la lutte pour l'au-delà, puisque chaque ambition à laquelle tu pourrais t'accrocher se terminera par des larmes : soit ce que tu vises te sera arraché, soit tu devras abandonner avant de l'atteindre.

L'une de ces deux issues est inévitable, sauf dans la recherche d'Allah, Le Majestueux, Le Puissant. Dans ce cas, l'aboutissement est toujours le bonheur, à la fois immédiat et éternel.

Le bonheur immédiat se trouve dans le fait que tu cesses donc de t'inquiéter au sujet des choses dont les gens se soucient habituellement. De plus, cela augmente le respect que tes amis et tes ennemis te portent. Quant au bonheur éternel, il est celui du Paradis.

J'ai tenté de trouver un objectif que tout le monde considèrerait comme étant digne d'excellence et d'efforts. Je n'en ai trouvé qu'un seul : être dénué de toute inquiétude.

En méditant à ce sujet, j'ai réalisé que non seulement tous sont unanimes dans le fait de l'estimer et le désirer, mais je me suis également rendu compte que, malgré leurs différents envies et aspirations, préoccupations et désirs, ils n'accomplissent jamais le moindre geste sans que cela ne soit dans le but de chasser très loin l'inquiétude.

Un homme se perd en chemin, un autre s'approche de l'erreur et finalement un autre encore réussit, mais il s'agit là d'un homme rare, et le succès est rare.

Repousser le souci est un objectif autour duquel toutes les communautés se sont accordées depuis le temps où Le Tout-Puissant créa le monde et jusqu'au jour où ce dernier périra et sera suivi du Jour du Jugement.

Leurs actes ne sont accomplis que dans ce but seul. Quant aux autres objectifs, il existera toujours des gens qui ne les viseront pas.

Par exemple, certaines personnes ne sont pas religieuses et ne tiennent pas compte de l'éternité. Il y a ceux qui, par nature et penchant, préfèrent l'anonymat à la renommée.

Certains ne trouvent aucun intérêt à amasser des richesses, préférant l'abstinence à la possession. Ce fut le cas de nombreux Prophètes (paix sur eux) et de ceux qui ont suivi leur exemple parmi les ascètes et les penseurs.

Il y a ceux qui, par nature, détestent les plaisirs sensoriels et méprisent ceux qui sont à leur recherche, à l'image de ces hommes que nous venons de mentionner et qui préfèrent perdre une fortune plutôt que d'en gagner une.

Certains choisissent l'ignorance au savoir. En réalité, la plupart des gens que tu vois dans la rue sont de cette sorte.

Tels sont les objectifs de ceux qui n'ont aucun autre but dans la vie.

En revanche, personne en ce monde, depuis le moment de sa création jusqu'à sa fin, ne choisirait délibérément l'angoisse, et ne souhaiterait pas l'éloigner.

Lorsque j'ai abouti à cette parcelle de sagesse grandiose, que j'ai découvert ce secret fabuleux, quand Allah le Tout-Puissant a ouvert les yeux de mon esprit sur cet immense plaisir, je suis alors parti à la recherche du moyen qui me permettrait réellement de dissiper la peur, ce but précieux que cherche à atteindre tout type de personne, ignorante ou savante, bonne ou mauvaise.

Je ne l'ai trouvé qu'en un seul endroit : dans le fait de se tourner vers Allah le Tout-Puissant, à travers des œuvres pieuses accomplies avec un regard en direction de l'éternité.

Donc, la seule raison pour laquelle la richesse est recherchée est de dissiper l'inquiétude de la pauvreté. La seule raison pour laquelle la célébrité est recherchée est de repousser la peur d'être surpassé. La seule raison pour laquelle les plaisirs sont recherchés est de faire disparaître l'angoisse de passer à côté d'eux. La seule raison pour laquelle le savoir est recherché est de dissiper la peur de l'ignorance.

Les gens ne prennent plaisir à écouter les conversations et les commérages des autres que parce que cela dissipe la peur de la solitude. Les gens mangent, boivent, font l'amour, s'habillent, jouent, se logent, montent à cheval, se promènent, seulement dans le but d'éviter l'opposé de tous ces actes et toute autre forme de peur.

Quiconque médite sur toutes les actions qui viennent d'être listées s'apercevra que l'inquiétude apparaîtra inévitablement en raison du fait, par exemple, que des problèmes apparaissent pendant l'accomplissement de l'acte, qu'il est impossible d'accomplir l'impossible, que tout accomplissement est de nature éphémère, et qu'on ne peut tirer plaisir d'une chose à cause d'une difficulté.

De plus, tout succès implique de mauvaises conséquences : la crainte d'un rival, les attaques du jaloux, le vol du cupide, la défaite face à un ennemi, sans parler des critiques, des péchés et de ce qui est similaire à cela.

D'un autre côté, j'ai constaté que les actes accomplis en vue de l'éternité sont dénués de tout défaut et de toute souillure. Ils représentent le vrai moyen de repousser l'inquiétude.

J'ai constaté que l'homme qui lutte pour l'au-delà peut être douloureusement éprouvé par un malheur sur son chemin sans qu'il s'en inquiète. Au contraire, il s'en réjouit, car l'épreuve à laquelle il est confronté engendre un espoir qui l'aide dans ses efforts et le raffermit encore plus sur le chemin vers son véritable désir.

J'ai constaté que, lorsqu'il rencontre un obstacle, il ne s'inquiète pas, car il ne provient pas de lui et n'a pas choisi les actes pour lesquels il devra répondre.[1]

J'ai constaté qu'un tel homme était heureux pendant que les autres lui souhaitaient du mal, heureux pendant qu'il traversait une épreuve, heureux, vivant dans un état permanent de joie, pendant que les autres vivaient en permanence dans un état contraire.

Tu dois donc comprendre qu'il n'existe qu'un seul objectif pour lequel lutter : repousser l'inquiétude. Il n'existe qu'un seul chemin qui y mène : servir le Très-Haut, Allah. Tout autre chose n'est qu'égarement et absurdité.

Ne dépense aucune énergie en dehors d'une cause plus noble que ta personne. Une telle cause ne peut être trouvée en dehors d'Allah Lui-même, le Tout-Puissant : prêcher la vérité, défendre les femmes, repousser l'humiliation que ton

---

1   Extrait d'une fatwa du Comité Permanent des Recherches Scientifiques et de la Délivrance des Fatwas (Al-Iftâ') : « *Il y a également une autre Fatwa concernant la signification de «La Guidance et le Choix», sous le numéro 4513 dont le texte est : « L>Homme est guidé de même qu>il a le choix. Concernant le droit de choisir, Allah lui a donné une raison, une ouïe, une vue et une volonté par lesquelles il distingue le bien du mal, le bénéfique du maléfique, en choisissant ce qui lui convient. Ainsi il a été chargé d'obligations sous forme d'ordres et d'interdictions, méritant la récompense pour son obéissance à Allah et à Son Prophète (paix sur lui), ainsi que le châtiment pour sa désobéissance à eux. Par contre le fait qu>il soit dirigé par le Destin se traduit par le fait qu>il ne fait rien et ne dit rien d>autre que ce qu>il lui a été prédéterminé, suivant la parole d>Allah (Gloire et Pureté à Lui) : « Nul malheur n'atteint la terre ni vos personnes, qui ne soit enregistré dans un Livre avant que Nous ne l'ayons créé ; et cela est certes facile à Allah ».* L'Exalté a dit : « *Pour celui d'entre vous qui veut suivre le chemin droit. Mais vous ne pouvez vouloir, que si Allah veut, [Lui], le Seigneur de l'Univers* ». L'Exalté a dit : « *C'est Lui qui vous fait aller sur terre et sur mer...* » jusqu'à la fin du verset. *Il existe de nombreux versets, ainsi que des hadiths authentiques, indiquant tous ce que l'on vient de citer, pour toute personne qui médite sur le Livre et la Sunna.* » ».

Créateur ne t'a pas imposée et venir en aide à l'opprimé. Celui qui dépense son énergie pour les vanités de ce monde est tel celui qui échange des pierres précieuses contre du gravier.

Il n'y a aucune noblesse chez quiconque manque de foi.

Le sage sait que le seul prix qui convient en échange de son âme est une place au Paradis.

Shaytan installe ses pièges en utilisant la peur d'être traité d'hypocrite. Il peut arriver qu'une personne se retienne d'accomplir une bonne œuvre par peur que l'on pense qu'elle est hypocrite.

Chapitre 3 : Le repos de l'esprit

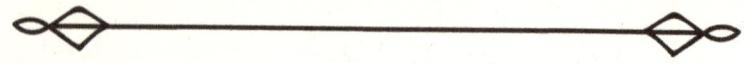

N'écoute pas ce que les gens disent. N'écoute que les Paroles du Créateur. Tel est le moyen d'obtenir un esprit totalement sain et parfaitement reposé.

Celui qui se pense à l'abri de toute critique et reproche est fou.

Celui qui étudie avec profondeur et éduque son âme à ne pas se reposer avant d'avoir trouvé la vérité, même si cela est douloureux au début, trouvera plus de plaisir dans la critique que dans l'éloge. En effet, s'il entend les gens faire son éloge, même si cela est mérité, il sera pris d'orgueil et sa vertu sera corrompue.

S'il entend les gens faire son éloge alors que ce n'est pas mérité, il sera satisfait, mais à tort. Il s'agit d'une grave erreur.

En revanche, s'il entend les gens le critiquer et que cela est mérité, il se pourrait qu'il corrige le comportement qui en est à l'origine. Cette critique serait alors un bienfait considérable que seul le sot pourrait ignorer.

Quant à celui qui est critiqué injustement et se contrôle, il gagnera en mérite par sa douceur et sa patience. De plus, toutes les bonnes œuvres accomplies par celui qui le critique lui seront attribuées. Il en obtiendra le profit le Jour du Jugement, lorsqu'elles lui permettront de se tenir en bonne place au moment où il en aura besoin, alors qu'elles ne seront pas le fruit de ses propres efforts. Il s'agit là d'un bienfait suprême qu'il serait fou de mépriser.

S'il n'entend pas l'éloge des gens, ce qu'ils disent ou ne disent pas ne change rien pour lui. En revanche, l'affaire est différente en ce qui concerne leurs critiques, car il est gagnant dans tous les cas, qu'ils les entendent ou non.

Sans les propos du Prophète (paix sur lui) au sujet de l'éloge qui est une annonce anticipée d'une bonne nouvelle pour le croyant du bonheur qui a été promis[1], préférer la critique, même injuste, à l'éloge mérité aurait été un signe de sagesse. Néanmoins, ces propos ont été tenus. Le bonheur promis naîtra toujours du mérite, et non pas de l'absence de mérite. Il récompensera seulement l'objet de l'éloge, et non pas le simple fait que des éloges aient été proférés.

Il n'y a pas de différence entre les vertus et les vices, les actes d'obéissance et les actes de désobéissance, sauf dans la mesure où l'âme se sent attirée ou repoussée.

Bienheureux est celui dont l'âme trouve plaisir dans la vertu et les bonnes œuvres, fuyant le vice et les péchés. Malheureux est celui qui trouve plaisir dans le vice et les péchés, fuyant la vertu et les bonnes œuvres. Ceci n'est rien d'autre que l'ordre sacré des choses ordonné par la providence d'Allah, le Tout-Puissant.

Quiconque lutte pour l'au-delà est du côté des anges. Quiconque lutte pour le mal est du côté des démons. Quiconque court après la gloire et la victoire est du côté des fauves. Quiconque court après les plaisirs des sens est du côté des bêtes. Quiconque court après l'argent en tant que tel et non pas pour le dépenser dans des obligations religieuses et des actes de charité louables, est trop ignoble, trop vile pour être com-

---

1   Abu Dhar, qu'Allah soit satisfait de lui, a rapporté : « *On demanda au Prophète (paix sur lui) : « Que dis-tu d›un homme qui accomplit une bonne action et que les gens louent pour cela ? ».* Il répondit : « *Telle est l›annonce anticipée d›une bonne nouvelle pour le croyant.* » ». Rapporté par Al Boukhari & Muslim.

paré à une bête. Il ressemble plutôt à l'eau stagnante dans des caves inaccessibles : aucun animal ne profite de la moindre goutte.

L'homme sage ne tire aucune satisfaction d'une caractéristique qui le met à un rang inférieur aux fauves, aux bêtes et aux objets inanimés. Il ne se réjouit que de son progrès dans la vertu par laquelle Allah le distingue de ces mêmes fauves, bêtes et objets. Il s'agit de la vertu de la raison qu'il partage avec les anges.

Celui qui s'enorgueillit d'un courage qui n'est pas appliqué dans la bonne direction, c'est-à-dire d'être au service d'Allah Tout-Puissant, qu'il comprenne que le tigre, le lion, le loup et l'éléphant sont plus braves que lui.

Celui qui s'enorgueillit de sa force physique, qu'il sache que la mule, le bœuf et l'éléphant sont plus forts que lui.

Celui qui s'enorgueillit de sa capacité à porter des charges lourdes, qu'il sache que l'âne peut porter de plus grosses charges.

Celui qui s'enorgueillit de sa vitesse de course, qu'il sache que le chien et le lièvre sont plus rapides que lui.

Celui qui s'enorgueillit du son de sa voix, qu'il sache que de nombreux oiseaux ont des voix plus douces et que le son des flûtes est plus raffiné et enchanteur que lui.

Comment quiconque peut-il donc s'enorgueillir de qualités en lesquelles les animaux lui sont supérieurs ?

Par contre, l'homme dont la raison est forte, le savoir étendu et les œuvres bonnes doit se réjouir, car seuls les anges et les meilleurs des hommes lui sont supérieurs en ces qualités.

Allah dit (traduction relative des versets) :

« Et pour celui qui aura redouté de comparaître devant son Seigneur, et préservé son âme de la passion, le Paradis sera alors son refuge. »[1]

Ces mots englobent toutes les vertus : contrôler son âme face à la passion signifie en fait se détourner de son penchant naturel envers la colère et le désir, eux-mêmes dictés par la passion. Il ne restera ensuite à l'âme que la raison à utiliser, qu'Allah lui a donnée, ce bon sens qui la distingue des bêtes, des insectes et des fauves.

« Ne te mets pas en colère »[2] comme l'a dit le Prophète d'Allah (paix sur lui) à un homme demandant conseil et il lui a également ordonné de traiter les autres comme il aimerait être traité. Ces deux propos englobent toute la vertu.

En effet, le fait que le Prophète (paix sur lui) interdise toute colère implique que même si l'âme a reçu la capacité de se mettre en colère, elle doit se retenir face à cette passion. Quant à l'ordre de traiter les autres comme on aimerait être traité, il implique que les âmes doivent se détourner de la puissante force de l'avidité et du désir afin de préserver la justice qui fleurit de la rationalité, elle-même faisant partie de l'âme raisonnable.

J'ai constaté que la majorité des gens, sauf ceux qu'Allah a protégé, et ils sont peu, se jetait éperdument dans les supplices, les inquiétudes et les fatigues de ce monde.

Ils entassent, de plus, une montagne de péchés, ce qui signifie qu'ils entreront en Enfer dans l'au-delà et ne tireront

---

1 Sourate 79 : Les Anges qui arrachent les Âmes, versets 40-41.
2 Rapporté par Al-Boukhari.

aucun profit des intentions perfides qu'ils entretenaient avec soin, comme le fait de souhaiter une inflation des prix conduisant à un désastre touchant les enfants et les innocents, ou de souhaiter les pires épreuves à ceux qu'ils détestent.

Ils savent très bien que ces mauvaises intentions ne vont pas forcément leur apporter ce qu'ils désirent.

S'ils avaient corrigé leurs intentions, ils auraient rapidement atteint le repos de leur esprit. Ils auraient alors eu le temps de se dévouer à leurs propres affaires, tirant un grand profit de cet acte en plus du retour de leurs âmes vers Allah. Tout cela sans que la réalisation de leurs désirs soit retardée le moins du monde.

Existe-t-il une plus grande duperie que le comportement contre lequel nous mettons en garde ici ? Existe-t-il un plus grand bonheur que celui que nous mettons en avant ?

Lorsque nous méditons sur la durée de cet univers, nous la voyons limitée au moment présent. Or, celui-ci n'est rien d'autre qu'un point séparant deux périodes infinies. Le passé et le futur sont aussi insignifiants que s'ils n'existaient pas. Y'a-t-il un homme plus égaré que celui qui échange un futur éternel contre un moment qui s'écoule plus vite que le clignement d'un œil ?

Lorsque l'homme est endormi, il quitte ce monde et oublie toute joie et toute peine. S'il gardait son esprit dans le même état au réveil, il connaîtrait le bonheur parfait.

Celui qui nuit à sa famille et ses voisins est plus vil qu'eux. Quiconque répond au mal par le mal est aussi mauvais que les autres. Celui qui se retient de rendre le mal est leur maître, leur supérieur et le plus vertueux d'entre eux.

Chapitre 4 : Le savoir

Si le savoir n'avait d'autre mérite que celui de te rendre craint et respecté par l'ignorant, ainsi qu'aimé et honoré par les savants, cela serait suffisant pour partir à sa recherche, sans même parler de ses autres mérites ici-bas et dans l'au-delà !

Si l'ignorance n'avait d'autre défaut que de rendre l'ignorant jaloux de l'instruit, jubilant de voir plus de gens comme lui, cela aurait été une raison suffisante pour nous obliger à la fuir, sans même parler des autres mauvaises conséquences de ce mal ici-bas et dans l'au-delà !

Si le savoir et l'acte de se dévouer à lui n'avaient d'autres buts que de libérer celui qui le recherche des angoisses épuisantes et des nombreuses inquiétudes qui affligent l'esprit, cela aurait était certainement suffisant pour nous pousser à le rechercher.

Que dire donc des autres bienfaits trop nombreux pour être listés, les moindres d'entre eux étant ceux mentionnés plus haut, et qui s'accumulent tous chez l'instruit ?

Dans leur quête de bienfaits aussi simples que ceux-là, les rois mesquins se sont épuisés à travers la recherche de distractions pour chasser leurs angoisses, telles que les échecs, les dés, le vin, la musique, la chasse et d'autres passe-temps qui n'apportent que des torts ici-bas et dans l'au-delà et ne profitent absolument en rien.

Si le savant, qui a passé de longues heures paisibles [à étudier], s'arrêtait pour réfléchir à la façon dont son savoir l'a protégé contre l'humiliation aux mains de l'ignorant, contre l'angoisse au sujet de vérités inconnues, ainsi que sur la joie qu'il lui a apportée en le rendant capable de résoudre des problèmes que les autres trouvent insolubles, il augmenterait certainement sa gratitude envers Allah, se réjouirait encore plus du savoir qu'il détient et aurait un plus fort désir d'en acquérir une quantité supplémentaire.

Celui qui dépense de son temps à étudier une discipline inférieure, abandonnant de plus hautes études qu'il est capable d'entreprendre, est tel celui qui sème du maïs dans une terre capable de faire pousser du blé, ou qui plante des buissons dans un sol capable de supporter des palmiers et des oliviers.

Diffuser le savoir chez ceux incapables de le comprendre serait aussi nocif que de donner du miel et des sucreries au fiévreux, ou que de donner du parfum à celui atteint de migraine causée par un excès de bile.

L'homme avare de son savoir est pire que l'homme avare de son argent. L'avare de son argent craint de diminuer la quantité qu'il possède, mais l'avare de son savoir est radin d'une chose qui ne diminue pas ni ne se perd lorsqu'elle est donnée.

Celui qui est naturellement attiré par une branche du savoir, même si elle est inférieure aux autres branches, ne doit pas l'abandonner.

Dans le cas contraire, il ressemblerait à celui qui plante des cocotiers en Andalousie et des oliviers en Inde, là où aucun des deux ne produirait de fruits.

Les branches du savoir les plus nobles sont celles qui te rapprochent du Créateur et qui t'aident à Le satisfaire.

Lorsque tu te compares aux autres en matière de biens, de rang et de santé, tu dois regarder ceux qui sont moins favorisés que toi. Lorsque tu te compares aux autres en matière de religion, de savoir et de vertu, regarde ceux qui sont meilleurs que toi.

Les arcanes du savoir sont à l'image d'un médicament puissant qui profite au corps solide, mais qui nuit au corps faible. De la même manière, les branches ésotériques du savoir enrichissent l'esprit fort, le polissent, le purifient de ses lacunes, mais détruisent l'esprit faible.

Si le fou plongeait aussi profondément dans la raison qu'il ne plonge dans la folie, il aurait certainement été plus sage qu'Al-Hasan Al-Basri, que Platon d'Athènes ou que Vuzurgmirh le Perse.

La raison est limitée. Elle n'est d'aucune utilité à moins qu'elle ne soit fondée sur la guidance de la religion ou sur le bon destin dans ce monde.

Ne nuis pas à ton âme en expérimentant des opinions corrompues dans le but de démontrer leur corruption à quelqu'un qui t'a consulté à ce sujet. Dans le cas contraire, tu perdras ton âme.

Si tu te gardes d'agir de manière détestable, toute critique qu'un homme aux croyances corrompues peut lancer contre toi, car tu n'es pas d'accord avec lui, est meilleure que son respect et que les mauvaises conséquences pour vous deux qu'auraient engendrées ces actes détestables.

Protège-toi contre le fait de prendre du plaisir de n'importe quelle manière qui nuit à ton âme et qui n'est pas requise de toi par la Législation religieuse ni par la vertu.

Le savoir n'existe plus chez celui qui a ignoré les Attributs du Créateur Tout-Puissant.

Il n'y a de pire calamité pour le savoir et les savants que lorsque ceux qui en sont étrangers s'y immiscent. Ils sont ignorants et pensent être instruits. Ils détruisent tout et croient apporter de l'aide.

Celui qui cherche le bonheur dans l'au-delà, la sagesse ici-bas, le meilleur moyen de se comporter, la somme de toutes les qualités morales, la mise en pratique de toutes les vertus, doit prendre pour modèle Muhammad, le Prophète d'Allah (paix sur lui) et imiter autant que possible son éthique et sa conduite. Qu'Allah nous aide à le prendre en exemple, par Sa grâce, amîne !

Les ignorants m'ont agacé en deux occasions dans ma vie.

La première : lorsqu'ils ont parlé de choses qu'ils ne connaissaient pas à une période où j'étais tout aussi ignorant. La seconde : lorsqu'ils ont gardé le silence en ma présence.

De la même manière qu'ils étaient toujours silencieux concernant les sujets dont il aurait été profitable pour eux de parler, ils s'exprimaient toujours au sujet de ce qui ne leur apportait aucun profit.

Les savants m'ont réjoui en deux occasions dans ma vie.

La première : lorsqu'ils m'ont enseigné alors que j'étais ignorant.

La seconde : lorsqu'ils ont discuté avec moi après que l'on m'ait enseigné.

L'un des mérites du savoir religieux et de l'ascétisme ici-bas est qu'Allah le Tout-Puissant ne les a mis à la portée de personne exceptés ceux qui en sont dignes et les méritent.

L'un des inconvénients des grandes choses de ce monde, la richesse et la célébrité, est qu'elles tombent principalement entre les mains d'un grand nombre de ceux qui n'en sont pas dignes ni ne les méritent.

Celui qui recherche la vertu doit rester en compagnie des vertueux et ne doit prendre aucun compagnon sur sa route à l'exception du plus noble des amis, parmi ceux qui sont bienveillants, charitables, véridiques, sociables, patients, de confiance, loyaux, magnanimes, de conscience pure et d'amitié sincère.

Celui qui recherche la gloire, la fortune et les plaisirs sera seulement en compagnie de ceux qui ressemblent aux chiens fous et aux renards sournois. Ils ne prendront pour compagnons que les gens de nature fourbe et dépravée.

L'utilité du savoir dans la mise en pratique de la vertu est considérable. Celui qui connaît la beauté de la vertu la mettra en pratique, même si cela est rare. Connaissant la laideur du vice, il l'évitera, même si cela est rare.

L'homme qui détient le bon savoir entendra l'éloge justifié et la désirera pour lui. Il entendra les mauvaises paroles et désirera les éviter. À partir de là, il résulte nécessairement que le savoir détient une part dans chaque vertu et l'ignorance détient une part dans chaque vice.

L'homme qui n'a aucune connaissance [du bien] ne pratiquera pas la vertu à moins qu'il ait une nature extrêmement pure, une constitution vertueuse. C'est l'état spécifique des Prophètes (paix sur eux), car Allah leur a enseigné la vertu dans son entièreté, sans qu'ils aient à l'apprendre des hommes.

Il est vrai que j'ai vu parmi les gens du commun certains qui, par l'excellence de leur comportement et de leur morale, ne furent surpassés par aucun sage, aucun savant ni par aucun homme sachant se contrôler. Toutefois, cela est très rare.

J'ai également vu des hommes ayant étudié les différentes branches du savoir, détenant une bonne connaissance des messages des Prophètes (paix sur eux) et des conseils des penseurs, mais qui néanmoins surpassent les pires par leur mauvais comportement et leur dépravation à la fois intérieure et extérieure.

Ils sont les pires des créatures. Cela est très commun et j'en déduis donc que ces deux [attitudes morales] sont des faveurs données ou gardées par Allah le Tout-Puissant.

Chapitre 5 : Éthique et comportement

Prends soin d'avoir une réputation d'homme ayant de bonnes intentions. Prends garde au fait d'obtenir une réputation de sournois ou les gens t'éviteront de plus en plus et tu finiras par subir des préjudices, voire même par tomber dans la perdition.

Entraîne-toi à penser aux choses qui t'effraient. Ainsi, si elles se produisent, tu ne seras pas inquiété outre mesure par elles. Tu ne perds rien à t'habituer à y penser. Ton plaisir sera plus grand, voire doublera si quelque chose de positif ou d'inattendu se produit.

Lorsque les inquiétudes se multiplient, elles finissent toutes par tomber au sol.

Le malhonnête peut occasionnellement tenir sa parole envers un bienheureux, et l'homme loyal peut occasionnellement trahir un malheureux. Heureux est celui qui, dans ce monde, n'est pas obligé par le destin de mettre ses amis à l'épreuve.

Ne t'inquiète pas au sujet de celui qui te veut du mal. Si le destin tourne en ta faveur, il sera perdu et tu seras protégé. Si le destin ne tourne pas en ta faveur, alors n'importe qui aurait pu te nuire.

Béni est celui qui connaît ses propres défauts mieux que les autres ne les connaissent.

La patience face au manque de respect des autres est de trois types : la patience envers celui qui possède un pouvoir sur toi sans que tu en aies sur lui ; la patience envers celui sur lequel tu as un pouvoir sans qu'il en ait sur toi ; enfin, la patience envers celui sur lequel tu n'as aucun pouvoir et qui n'a pas de pouvoir sur toi non plus.

Le premier type est humiliant et dégradant, non pas vertueux. Le conseil à donner à celui qui craint une situation aussi insupportable serait de tout abandonner et de s'enfuir.

Le deuxième type est vertueux, bienveillant est représente la véritable douceur qui caractérise les âmes vertueuses.

Le troisième est de deux sortes. Le manque de respect peut naître d'un malentendu ou d'une crainte. Le coupable peut alors se rendre compte de la laideur de son acte et le regretter. Faire preuve de patience envers lui serait une bonne chose et une obligation. Il s'agit de la véritable magnanimité.

En revanche, face à celui qui se surestime, est orgueilleux, arrogant et n'éprouve aucun regret pour son acte, le tolérer est une humiliation. Cela l'encourage dans son mauvais comportement, car il agira de manière pire encore et il serait stupide de répondre similairement.

La réponse la plus sage serait de lui faire savoir que tu pourrais te venger, mais que tu te retiens, car il ne mérite même pas ton mépris ni ton attention. Rien de plus n'est nécessaire.

Quant au comportement insolent des classes les plus basses, le seul remède est la punition.

Celui qui fréquente les gens ne cessera de craindre de souffrir, ou de commettre des péchés qu'il regrettera le jour où il retournera vers Allah, ou de se mettre dans des colères qui endommageront son foie, ou de subir des humiliations qui lui feront baisser la tête. Que devrais-je dire donc de celui qui est intime avec eux, en permanence en leur compagnie ?

La solitude est l'endroit où tu trouveras dignité, repos, joie et sécurité. Tu dois gérer les fréquentations comme le feu : utilise-le pour te réchauffer, mais ne tombe pas dedans.

Si la fréquentation des gens n'avait que deux défauts, cela serait suffisant pour s'en écarter.

Le premier consiste à laisser échapper des secrets vitaux lors d'une réunion entre amis, de secrets qui autrement n'auraient jamais été révélés.

Le second consiste à fanfaronner, mettant alors notre vie éternelle en péril. Il est impossible d'échapper à ces deux épreuves autrement qu'en se retirant dans une solitude absolue, loin des gens.

Ne remets pas à demain ce que tu peux faire aujourd'hui. Si tu comprends cette nécessité, tu te dépêcheras d'accomplir aujourd'hui ne serait-ce que les plus petites préparations aux tâches de demain. En effet, si plusieurs petites tâches s'accumulent, elles atteignent un nombre énorme. Au final, elles finissent par devenir trop nombreuses pour être accomplies. C'est alors que l'ensemble du projet sera anéanti.

Ne méprise aucune des œuvres que tu espères voir comptées en ta faveur le Jour de la Résurrection. En les accomplissant aujourd'hui, même dans une petite mesure, ces œuvres l'emporteront éventuellement sur le nombre de tes péchés qui, autrement, se seraient suffisamment accumulés pour te conduire au Feu.

Dans le cas de la déprime, de la pauvreté, du malheur et de la peur, la douleur n'est ressentie que par le souffrant. Les gens qui les observent de l'extérieur n'ont aucune idée de ce à quoi ils ressemblent. En revanche, dans le cas de la calomnie, de l'impudeur et du péché, seul le spectateur voit à quel point ils sont horribles. La personne plongée dedans ne s'en aperçoit pas.

La sécurité, la santé et la richesse ne sont appréciées que par celui qui ne les possède pas. Celui qui les possède ne s'en montre pas reconnaissant. En revanche, l'intelligence, la vertu et le fait d'œuvrer pour l'au-delà, leur valeur n'est connue que de ceux qui en possède une part. Celui qui n'en détient aucune part ne connaît pas leur vraie valeur.

La première personne à se séparer du menteur est celle que le menteur a trompée. La première personne à haïr le faux témoignage est celle que ce faux témoignage a soutenue. La première personne à mépriser la femme adultère est celui qui l'a conduite à commettre la fornication.

D'aussi loin que nous le savons, rien de ce qui a été dégradé ne peut revenir à son état normal sans de grands troubles, ni difficultés. Que peut-on dire au sujet de celui dont l'esprit est ivre chaque nuit ? En effet, un esprit qui conduit son maître vers sa propre dépravation chaque nuit est forcément un esprit condamné.

Le long chemin est épuisant, le refuge paisible est réparateur. Trop de richesses conduisent vers l'avidité. Une fortune modeste conduit au contentement.

Les plans de l'homme intelligent peuvent échouer. Les plans de l'homme stupide ne réussissent jamais.

Rien n'est plus préjudiciable pour un gouverneur que

d'être entouré d'un grand nombre de gens oisifs. Le dirigeant avisé sait comment les garder occupés sans se montrer injuste envers eux. Dans le cas contraire, ils le submergeront de problèmes insignifiants.

Celui qui rapproche ses ennemis de lui est suicidaire.

Celui qui rencontre une personne importante la considère trop souvent comme moins éminente et importante qu'elle ne l'est.

Parader ou par exemple avoir un air sévère et mécontent représentent des voiles par lesquels les ignorants qui se sont élevés ici-bas essaient de couvrir leur ignorance.

L'homme avisé ne doit pas se laisser duper par l'amitié qui a débuté alors qu'il était puissant, car tout le monde était de son côté à ce moment.

Le plus utile à tes affaires est celui qui y trouve également un intérêt dans le fait qu'elles réussissent. N'accepte l'aide d'aucune personne qui aurait été dans une situation aussi bonne ailleurs.

Ne réponds pas aux propos rapportés par quelqu'un de la part d'une tierce personne, à moins que tu sois sûr que cette tierce personne ait vraiment dit cela, car celui qui t'apporte des mensonges s'en ira avec la vérité [les propos véridiques désagréables que tu lui auras confiés et qu'il colportera autour de lui].

Fais confiance au pieux, même si la religion qu'il pratique est différente de la tienne. Ne fais pas confiance à celui qui se moque des choses sacrées, même s'il prétend appartenir à la même religion que toi. Quant à celui qui défie les ordres du Tout-Puissant, ne lui confie jamais rien de ce à quoi tu tiens énormément.

J'ai remarqué que les gens sont plus généreux par leurs opinions que par leur argent. Au cours de ma longue étude de ce sujet, rien n'a jamais prouvé le contraire, en dépit d'un grand nombre de constats. Puisque je suis incapable de comprendre la cause de cela, j'ai supposé que cela devait être inné chez la nature humaine.

Le sommet de l'injustice est de refuser au malfaiteur récidiviste l'opportunité d'accomplir une bonne œuvre occasionnelle.

Quand tu te débarrasses d'un ennemi, tu en vois plusieurs autres se rapprocher.

Pendant longtemps, j'ai réfléchi à la mort. J'ai eu certains amis chers, aussi proches de moi par les liens de l'affection sincère que l'âme est liée au corps. Après leurs morts, certains d'entre eux me sont apparus en rêve. D'autres non. Alors que l'un d'entre eux était en vie, nous nous sommes promis de nous visiter mutuellement dans un rêve, après notre mort, si toutefois cela était possible. Cependant, je ne l'ai absolument jamais vu depuis qu'il m'a précédé dans le voyage vers l'autre monde. Je ne sais pas s'il a oublié ou s'il s'y est engagé.

L'oubli de l'âme qui ne se souvient plus de son état dans le monde des tentations [ici-bas] pendant qu'elle attend la résurrection du corps est tel l'oubli de celui qui est tombé dans la boue et a plongé avec tout ce qu'il savait auparavant et dont il était familier. J'ai également réfléchi longtemps à ce sujet et il semble qu'il y ait une autre explication possible en plus de celle juste mentionnée. J'ai observé la personne endormie au moment où son âme quitte son corps. Ses sens s'aiguisent au point d'être capable de voir l'invisible. L'âme oublie complètement, de manière absolue, l'état dans lequel elle était juste avant de s'endormir, bien que ce moment soit récent.

L'âme connaît d'autres états dans lesquels elle est dotée de souvenirs et de sensations. Cela peut être agréable ou douloureux. Les plaisirs du sommeil sont ressentis même pendant sa durée, car l'endormi ressent de la joie, rêve, s'effraie, s'attriste même lorsqu'il dort.

L'âme ne connaît pas de joie sauf en compagnie d'une âme. Le corps est lourd et épuisant. Preuve en est la vitesse à laquelle on enterre le corps d'un être aimé après que son âme s'en soit séparé, ainsi que la peine causée par la disparition de l'âme alors que le corps est toujours présent.

Je n'ai jamais vu Shaytan utiliser une ruse pire, ou plus laide, ou plus absurde que lorsqu'il met deux phrases dans la bouche de ceux qui le suivent.

La première est lorsque quelqu'un justifie son propre mal en avançant le fait que quelqu'un d'autre lui a fait la même chose.
La deuxième est lorsque quelqu'un justifie le fait de mal agir aujourd'hui, car il a mal agi hier, ou de mal se comporter d'un côté, car il s'est déjà mal comporté d'un autre.

Ces deux phrases excusent et encouragent le mauvais agissement. Elles l'intègrent dans le domaine de ce qui est acceptable, tolérable et non blâmable.

Sois méfiant si tu es en capacité d'être suffisamment vigilant et prudent, mais si tu ne peux pas surveiller les gens, tu devras leur faire confiance. Cela apportera de la paix à ton esprit.

La définition de la générosité, son objectif suprême, consiste à donner la totalité du surplus de tes possessions en aumône. La meilleure aumône est de soulager un voisin dans le besoin, un proche pauvre ou un homme qui a tout perdu et qui est presque ruiné. Celui qui s'accroche à cet argent superflu sans le dépenser dans l'une de ces voies est un exemple d'avarice. Il doit être loué et blâmé proportionnellement à sa générosité dans cette voie. Tout ce qui est donné en dehors de ces cas est gaspillé, et l'acte est blâmable.

Il est méritoire de donner, à celui qui est dans un besoin plus grand, une partie de ce dont tu as besoin pour survivre. Il s'agit d'un acte de sacrifice plus noble que la simple générosité. Conserver ce dont tu as besoin n'est ni louable ni blâmable, mais simplement raisonnable. S'acquitter de ses obligations est un devoir. Donner le surplus de nourriture est de la générosité.

S'oublier et donner de la nourriture aussi longtemps que tu ne t'affames pas est une vertu. Entraver quiconque dans l'acquittement de son devoir va à l'encontre de la Législation. Refuser de donner les restes de notre nourriture est de la gourmandise, ainsi qu'une forme extrême d'avarice.

Refuser de te priver pour donner une partie de la nourriture dont tu as besoin est excusable. Te priver de nourriture et priver ta famille de quelque façon que ce soit est ignoble, vil et criminel.

Te montrer généreux avec des biens que tu as acquis injustement aggrave le mal déjà commis. Cela doit être rétribué par du blâme, non par de l'éloge, puisque tu donnes en réalité les possessions d'un autre, pas les tiennes.

Donner aux gens la partie de tes biens dont ils ont droit n'est pas de la générosité, mais un devoir.

La définition du courage consiste à se battre jusqu'à la

mort pour défendre la religion, les femmes, les voisins mal-traités, les opprimés qui cherchent protection, une fortune perdue, un honneur attaqué, ainsi que d'autres droits, contre tous les adversaires, qu'ils soient peu ou nombreux. Faire moins que cela serait de la lâcheté et de la faiblesse.

Utiliser son courage dans le combat pour les vanités de ce monde serait de la stupide inconscience. Cependant, il est encore plus stupide de dévouer ton courage dans le combat contre les droits et les devoirs, que cela te concerne ou concerne autrui.

Il y a encore plus stupide que tout cela : j'ai vu des hommes qui ne savent pas à quelle cause se dévouer. Parfois ils combattent Zayd pour le compte de 'Amr, et parfois ils combattent 'Amr pour le compte de Zayd. Parfois les deux dans le même jour, exposant leurs personnes au danger pour rien, souffrant en direction de l'Enfer et courant vers le déshonneur.

Le Messager d'Allah (paix sur lui) a dit à propos de ces gens :

« Par Celui qui tient ma vie entre Ses Mains, ce monde ne disparaîtra pas avant que ne vienne une époque pour les gens où l'assassin ne saura pas pourquoi il a tué et la victime ne saura pas pourquoi elle a été tuée. »[1]

La définition de la continence est de détourner le regard, ainsi que tous les organes sensoriels de l'interdit. Tout ce qui est autre que cela est débauche. Celui qui va au-delà de cela et s'interdit ce que le Tout-Puissant a rendu licite est faible et impuissant.

---

1   Rapporté par Muslim.

La définition de la justice est de donner spontanément ce qui est dû et de savoir comment prendre ton droit. La définition de l'injustice est de prendre le dû d'un autre et de ne pas donner son dû à autrui.

La définition de la noblesse d'âme est de donner spontanément et de bon cœur ce qui est dû aux autres, et de leur permettre d'accéder à leurs droits de plein gré ; cela est également méritoire.

Toute générosité est noble et vertueuse, mais tout acte noble et toute vertu n'est pas générosité. La vertu est un terme plus général, alors que la générosité est plus spécifique. La magnanimité est une vertu sans être de la générosité. La vertu est une prescription générale à laquelle on ajoute une action spécifique.

Une heure de négligence peut défaire un an d'effort pieux.

Dans le déroulement des choses, une erreur commise par un individu est meilleure qu'une simple politique suivie par l'ensemble de la communauté des Musulmans s'ils ne sont pas réunis sous le commandement d'un seul homme. Cela en raison du fait que l'erreur d'un individu peut être corrigée, mais les opinions incorrectes de la communauté des Musulmans les conduira à ignorer une chose qui pourrait être mauvaise, et les mener à leur perdition à la suite de cela. En temps de guerre civile, le bourgeon ne fleurit pas.

J'ai moi-même eu des défauts, et j'ai sans cesse essayé de les corriger par la discipline, par l'étude des paroles des Prophètes (paix sur eux), ainsi que des paroles des sages les plus vertueux parmi les Prédécesseurs qui étaient plus avancés dans la morale et l'éducation de l'âme. Tout cela jusqu'à ce qu'Allah m'ait aidé à venir à bout de mes défauts, grâce à Sa Guidance et Sa Grâce.

C'est un acte de parfaite vertu, d'autodiscipline, un signe que l'on contrôle la vérité, que de confesser de tels défauts afin qu'un jour quelqu'un puisse apprendre d'eux, si Allah le veut.

L'un de mes défauts fut que j'avais tendance à tomber dans une autosatisfaction extrême quand j'avais raison et dans une mauvaise humeur exagérée lorsque j'avais tort. En cherchant plus que jamais à me guérir de cela, j'ai décidé que je ne montrerais plus jamais d'air irrité dans mes remarques, mes actes et mes discussions. J'ai renoncé à toute sorte de triomphe qui n'est pas permis et j'ai souffert du poids élevé de cette décision.

J'ai eu suffisamment de patience pour supporter une épreuve terrible qui m'a presque rendu invalide. En revanche, je n'ai pas été capable de vaincre ma passion d'avoir toujours raison. C'est comme si je ne considérais pas réellement cela comme un défaut, que je ne pensais pas vraiment que je doive abandonner ce comportement.

Un autre défaut que je possédais fut une ingérable propension au sarcasme. Ce que j'avais décidé de faire à ce sujet fut de m'abstenir de tout ce qui pouvait irriter la personne avec qui je parlais. Je m'autorisais quelques plaisanteries, sentant que sans cela j'aurais pu paraître étroit d'esprit et presque arrogant.

Parmi mes autres défauts fut une fierté extrême. Mon esprit se disputait avec mon âme. Connaissant mes lacunes et argumentant tellement longtemps et efficacement, ma fierté finit par complètement disparaître, ne laissant aucune trace, louanges à Allah. De plus, je m'impose un absolu dédain envers ma personne et d'être un modèle d'humilité.

Un autre de mes défauts fut que je souffrais de tremblements causés par ma jeunesse et la faiblesse de mes membres. Je me suis forcé à les stopper et ils ont disparu.

Citons également parmi mes défauts passés l'amour de la célébrité et de la gloire. Pour traiter ce défaut, j'ai décidé de renoncer à tout ce qui est interdit par la religion, Allah m'aidant pour le reste. En effet, si l'âme reste sous le contrôle de la raison, même l'irritabilité peut devenir une vertu et être considérée comme un caractère louable.

Je ressentais une extrême répugnance pour la compagnie des femmes en toute occasion. Cela m'a rendu difficile de bien m'entendre avec elles. Il semble que j'ai toujours lutté contre ce sentiment exagéré que je sais être mauvais en raison des problèmes qu'il m'a causés. Qu'Allah me soutienne.

J'ai eu deux défauts que le Tout-Puissant a gardés secrets et qu'il m'a aidé à combattre et vaincre par Sa Bonté. L'un a complètement disparu, toutes les louanges Lui appartiennent pour cela. Concernant ce défaut, la réussite semble avoir été de mon côté : aussitôt qu'il me passait par l'esprit, je me hâtais de l'étouffer.

En revanche, l'autre défaut m'a tourmenté pendant longtemps. Lorsque ses vagues s'apprêtaient à me balayer qu'il était sur le point de réapparaître, mes veines palpitaient. Mais Allah m'a permis de me retenir par l'une des manifestations de Sa Bonté et il a maintenant disparu.

J'avais pour habitude d'avoir des rancunes extrêmes. J'ai été capable de les dissimuler par l'aide du Tout-Puissant et d'éviter la concrétisation de tous leurs effets. Mais je n'ai jamais été capable d'éradiquer complètement cette habitude ni n'ai jamais trouvé possible de me lier d'amitié avec quiconque avait agi d'une manière vraiment hostile envers moi.

La méfiance est considérée par certains comme étant un vrai défaut. Elle n'en est pas un à moins qu'elle ne conduise la personne qui la ressent à commettre des actes non permis par la religion, ou à adopter un comportement insociable. Dans d'autres cas, la méfiance peut être de la fermeté et la fermeté est une vertu.

Quant aux reproches que mes opposants ignorants me font, disant que je n'accorde aucune valeur à ceux qui ne sont pas d'accord avec moi lorsque je pense avoir raison, que je n'agirais jamais de concert avec ceux que je contredis, même s'ils réunissaient la population humaine tout entière sur la surface de la Terre, que je n'accorde aucune valeur au fait de me conformer aux gens de mon pays concernant de nombreux vêtements et coutumes qu'ils ont adoptés pour aucune raison particulière, et bien cette indépendance est une qualité que je considère comme l'une de mes vertus les plus importantes.

Il n'y a rien qui équivaut à elle. Si je ne l'avais jamais possédé, elle aurait été ce que je désire le plus, ce que j'espère le plus, et ce pour lequel j'aurais prié le plus Allah Tout-Puissant.

En fait, mon conseil à tous ceux qui pourraient entendre mes mots serait d'agir de la même manière. Il n'y a aucun bienfait à imiter les autres dans leurs actes futiles et vains. En faisant cela, on mécontente le Tout-Puissant, on trompe son esprit, on fait souffrir son âme ainsi que son corps et on charge ses épaules d'un poids inutile.

Celui qui ne connaît rien de la vérité m'a reproché de ne pas porter attention aux torts qu'on m'a fait subir, ou même aux torts qu'on a faits à mes amis, au point que je ne sois même pas ennuyé qu'on leur fasse du tort en ma présence.

Ma réponse est que celui qui m'a décrit d'une telle manière a parlé trop vite et doit être plus précis. Celui qui parle avec précipitation use d'un langage qui diminue le mal et le bien. Par exemple, « Untel a dormi avec sa sœur » serait un propos abominable à tenir et choquerait tous ceux qui l'entendraient. En revanche, si tu expliques qu'il s'agit de « sa sœur en Islam », il deviendrait clair que c'est en raison d'un propos précipité que cet aspect indécent et hideux a été produit.

Concernant ma personne, si je prétendais ne pas me sentir blessé lorsque je suis attaqué par quelqu'un, je ne dirais pas la vérité, car il est naturel de se sentir blessé en une telle situation. C'est tout simplement humain. Cependant, je me suis forcé à ne montrer ni colère, ni mauvais caractère, ni rage. Je parviens à me retenir de répondre avec énervement en préparant ma personne, puis je réagis calmement, grâce à la Force et au Pouvoir d'Allah Tout-Puissant.

Dans le cas où je n'aurais pas le temps de me préparer, je me limite à répondre par des paroles tranchantes, mais sans insultes. J'essaie également de ne dire que ce qui est vrai et de m'exprimer sans colère ni cruauté. Je déteste même agir de la sorte, sauf lorsque cela est absolument nécessaire. C'est le cas par exemple lorsque je souhaite stopper la diffusion d'une rumeur mensongère que la plupart des gens aiment colporter auprès de ceux qui vont écouter ces bribes de commérages détestables. Rien ne les arrête plus efficacement que cette façon de faire. Cela les empêche de colporter des calomnies qu'ils attribuent aux autres et qui ne servent aucun but si ce n'est celui de corrompre les consciences et de diffuser la médisance.

Par ailleurs, pour ce qui est de celui qui me fait du tort, il existe deux possibilités et deux seulement. Soit il ment, soit il dit la vérité.

S'il ment, alors Allah me permettra certainement bien vite de le réfuter par sa propre langue, car cet homme prendra

le chemin des menteurs et attirera l'attention sur mon mérite en m'attribuant des choses fausses. En effet, tôt ou tard,
l'affaire deviendra claire pour la plupart de ceux qui l'écou-
teront.

S'il dit la vérité, il existe trois possibilités et une seule
d'entre elles peut être vraie. Peut-être ai-je été son associé
dans un commerce et me suis confié à lui comme on le fait
avec quelqu'un en qui on a confiance et à qui on se fie. Il deviendrait alors le plus méprisable des rapporteurs. Il est difficile de dire quelque chose de plus à propos d'une méchanceté
aussi basse.

Peut-être me critique-t-il au sujet d'une chose qu'il considère comme étant un défaut alors que ce n'en est pas un. Son
ignorance suffit à rendre cette affaire sans importance. Il est
celui qui doit être accusé, et non pas celui qu'il a critiqué.

Enfin, peut-être m'accuse-t-il d'un défaut que j'ai vraiment. L'ayant aperçu, il a remué sa langue pour en parler. S'il
dit la vérité, je mérite plus que lui d'être blâmé. Dans ce cas,
c'est contre moi-même que je devrais être en colère, et non pas
contre celui qui me critique de manière justifiée.

Concernant mes amis, je ne me suis nullement interdit
de les défendre. En revanche, j'agis de manière douce, me
contentant de convaincre de se repentir celui qui a médit à
leur sujet en ma présence, l'exhortant à se faire des reproches,
à s'excuser, à avoir honte et à retirer ce qu'il a dit.

Je parviens à cela en suivant la méthode qui consiste à blâmer les médisants et à leur dire qu'il serait préférable qu'ils
s'occupent de leurs affaires et remettent leurs propres maisons en ordre plutôt que de traquer les défauts des autres.

Je rappelle les qualités de mon ami, reprochant au médisant de se limiter à rappeler ses fautes sans mentionner ses mérites. Je lui dis : « Il ne parlerait jamais de cette façon à ton sujet. Il a un esprit plus généreux que toi et c'est ce que tu ne veux pas admettre. », ou quelque chose de similaire.

Quant à attaquer celui qui tient ces propos, l'énerver, l'irriter, le mettre en colère, le conduisant par cela à intensifier les insultes envers mon ami, ce que je déteste, cela me rendrait coupable envers mon ami, car il serait exposé à la grossièreté et aux insultes répétées qui se répandraient aux oreilles de ceux qui ne les avaient jamais entendues jusqu'à présent, et cela donnerait naissance à de la médisance supplémentaire.

Peut-être que cela le rendrait également coupable envers moi-même, ce qui n'arrangerait pas la situation de mon ami, car je souffrirais d'insultes et d'injures. En effet, je ne voudrais pas que mon ami me défende au-delà des limites que j'ai citées. S'il les dépasse, il l'attaquera, de même que mon père, ma mère et ses propres parents l'attaqueront, en fonction d'à quel point celui à l'origine de tout cela aura été insolent et impudent. Cela pourrait aller jusqu'aux coups. Je devrais alors faire preuve de dédain envers mon ami, car il m'aura fait du tort. Je ne serais certainement pas reconnaissant envers lui. Bien au contraire, je devrais être extrêmement en colère contre lui. Qu'Allah nous aide !

Un homme de préjugé qui ne s'arrête jamais de penser m'a accusé de gaspiller ma fortune. Il s'agit d'un propos hâtif supplémentaire que j'expliquerais comme suit. Je ne dilapide que la part qu'il serait contre ma religion de conserver, ou qui aspergerait mon honneur ou qui m'épuiserait. Je considère que ce que j'évite de ces trois maux, aussi petit soit-il, surpasse largement la somme perdue, même si elle correspond à tout ce que le soleil éclaire.

Le plus grand cadeau qu'Allah peut attribuer à Son serviteur est de le rendre juste et de lui faire aimer la justice, de le rendre véridique et de lui faire aimer la vérité plus que tout autre chose.

J'ai fait seulement ce que j'ai pu pour éradiquer mes mauvais penchants et pour accomplir tout ce qui est bon selon la religion et ce bas monde. Il n'y a de force ni de puissance en dehors d'Allah le Tout-Puissant.

En revanche, celui qui penche naturellement vers l'injustice et trouve facile d'agir injustement, celui qui penche naturellement vers la transgression et aime l'accomplir, laisse-le se désespérer de s'améliorer ou de corriger sa nature. Laisse-le comprendre qu'il ne réussira pas, que ce soit en matière de religion ou de bonne conduite.

Quant à la vanité, l'envie, la tromperie et la traîtrise, ma nature n'a aucune expérience d'elles. Il semble que je n'ai aucun mérite à les éviter puisque tout mon être les méprise. Le mérite de cela revient à Allah, le Seigneur des Mondes.

L'un des défauts de l'amour de la renommée est qu'il annule la valeur des bonnes œuvres si celui qui les accomplit le fait pour qu'on parle de lui. Cela le rend presque impie, car il agit pour autre qu'Allah. Ce défaut retire toute valeur des qualités, car celui qui en est touché ne fait quasiment jamais le bien au nom du bien, mais pour l'amour de la renommée.

Il n'y a pas pire blâme que le fait qu'un homme fasse ton éloge pour une qualité que tu ne possèdes pas, attirant ainsi ton attention sur ce manque.

Il n'y a pas meilleur éloge que celle d'un homme qui te reproche un défaut que tu n'as pas, attirant ainsi l'attention sur tes qualités. Il te donne ta revanche sur lui en s'exposant lui-même à la réfutation et au reproche de t'avoir médit.

Si nous connaissions nos imperfections, nous aurions été parfaits. Puisqu'aucune créature n'est exempte de défauts, heureux est celui dont les défauts sont mineurs et peu nombreux.

Les évènements qui se produisent le plus souvent sont ceux inattendus. La fermeté consiste à te préparer au maximum à ce qui peut être prévu. Gloire à Celui qui a organisé les choses de manière à montrer aux humains leur impuissance et leur besoin de leur Créateur, le Tout-Puissant.

Chapitre 6 : L'amitié

Celui qui te critique tient à votre amitié. Celui qui prend tes défauts à la légère n'en a rien à faire de toi.

Critiquer un ami est semblable à faire fondre un lingot : soit il sera purifié, soit il disparaîtra.

L'ami qui cache un secret qui te concerne est plus déloyal envers toi que celui qui dévoile un de tes secrets. En effet, celui qui dévoile ton secret te trahit simplement, mais celui qui cache de toi un secret te trahit et te suspecte.

N'essaie pas d'être ami avec ceux qui te méprisent. Tu n'obtiendras rien d'eux si ce n'est de la déception et de l'humiliation.

Ne méprise pas ceux qui essaient d'être amis avec toi. Agir ainsi est une forme d'injustice et un échec à répondre à leur gentillesse. C'est une chose mauvaise.

Celui qui est forcé de fréquenter les gens ne doit sous aucun prétexte dire à son compagnon tout ce qui lui passe par l'esprit. Lorsqu'il le quitte, il doit toujours se comporter comme s'il était un ennemi prêt à tout. Lorsqu'il se réveille chaque matin, il doit toujours s'attendre à ce que ses amis le trahissent ou lui fassent du tort, qu'ils agissent exactement comme ses ennemis jurés.

Si rien de tout cela ne se produit, il doit louer Allah. Dans le cas contraire, il aura au moins été préparé et le choc sera moindre.

En ce qui me concerne, je t'ai expliqué que j'avais un ami avec qui j'entretenais une amitié forte, sincère et pure, dans les moments durs ou faciles, dans la richesse ou la pauvreté, dans la colère ou la satisfaction.

Cet ami changea son attitude envers moi, de la plus détestable des façons, après douze ans d'amitié parfaite, pour une raison totalement futile dont je n'aurais jamais cru qu'elle puisse influencer un tel homme. Il ne s'est jamais réconcilié avec moi depuis. Cela m'a rendu triste pendant plusieurs années.

Néanmoins, on ne doit pas mal agir et suivre l'exemple des mauvaises personnes et des traîtres.

Au contraire, nous devons apprendre de cet exemple le chemin que nous devons emprunter. Il est périlleux et difficile à suivre. Celui qui l'emprunte ferait bien d'avancer aussi délicatement qu'un tétras à queue fine[1], plus prudemment que la pie, jusqu'à ce qu'il quitte la route foulée par les humains et qu'il fasse son chemin vers son Seigneur.

Cette route mène à la victoire, elle nous est donc dictée par la religion et également par ce monde. L'homme qui la suit conservera l'intention pure des âmes saines qui sont véridiques dans leurs promesses, celles des hommes dénués de ruse et de tromperie.

Il possèdera les vertus des élus, le caractère des vertueux. De plus, il se sentira autant en sécurité que le pire trompeur, aussi insouciant que le scélérat, que les plus malfaisants et que les plus fourbes.

Tu dois garder tout secret qui t'est confié et ne le révéler à

---

1   Le Tétras à queue fine est une espèce d'oiseau appartenant à la famille des Phasianidés.

aucun ami ni étranger, y compris l'homme le plus proche de toi, si toutefois tu en es capable.

Tu dois te montrer véridique envers quiconque te fait confiance. Tu ne dois te fier à personne dans les affaires que tu souhaites voir réussir, sauf lorsque cela est absolument nécessaire. Même dans ce cas, tu dois t'arrêter et réfléchir à nouveau, accomplir un effort personnel et tirer ta force d'Allah.

Sois généreux avec tes biens et ton énergie superflus dans l'aide des autres, qu'ils fassent appel à toi ou non. Vient en aide à quiconque a besoin de toi et que tu es capable d'aider, même s'il ne vient pas à toi expressément pour cela.

N'attends rien en retour de personne sauf d'Allah le Tout-Puissant, le Très-Haut. Sur ton chemin, rappelle-toi que la première personne que tu aides sera la première à te faire du tort et à se tourner contre toi. En effet, en raison de leur jalousie profonde, les hommes de mauvais caractère détestent ceux qui les aident lorsqu'ils se rendent compte qu'ils sont meilleurs qu'eux.

Traite chaque humain avec autant de grâce que tu peux. Si tu rencontres quelqu'un avec des défauts et des problèmes que l'on trouve dans le déroulement normal de la vie, ne le laisse pas savoir que tu ne les aimes pas. De cette manière, tu vivras paisiblement et tranquillement.

Lorsque tu donnes conseil, ne le fais pas seulement à condition qu'il soit pris. N'intercède pas seulement à condition que ton intercession soit acceptée. Ne fais pas de cadeaux seulement à condition d'être récompensé. Ne fais tout ça que dans le but de pratiquer la vertu et de faire ce que tu dois faire lorsque tu conseilles, intercède ou fais preuve de générosité.

La définition de l'amitié se situe entre deux extrêmes. Ce

qui rend un ami triste rend l'autre triste également. Ce qui le réjouit réjouit également l'autre. Toute relation moindre que cela n'est pas de l'amitié.

Quiconque correspond à cette description est un ami. Un homme peut prendre en amitié quelqu'un qui n'est pas son ami, car l'homme est capable d'aimer celui qui le déteste. C'est surtout le cas en ce qui concerne les pères et les fils, les frères entre eux, l'époux et l'épouse, et toutes les relations dans lesquelles l'amitié s'est transformée en amour ardent. Tout ami n'est pas conseiller, alors que tout conseiller, par son conseil, démontre qu'il est un ami.

La définition du conseil consiste en ce que celui qui le donne se sente mal au sujet de ce qui cause du tort à son ami, que ce dernier le vive bien ou mal, et qu'il se réjouisse de ce qui est bon pour lui, que son ami lui-même s'en réjouisse ou non. Il s'agit de la touche supplémentaire que le conseiller possède et qui va au-delà des limites de la simple amitié.

L'amitié la plus élevée, et rien n'est plus élevé que cela, consiste à tout partager, sa propre personne, ce qu'on possède, tout cela sans aucune contrainte, ainsi qu'à préférer son ami à toute autre personne. Si je n'avais pas connu Muzaffar et Mubarak, les deux maîtres de Valence, j'aurais pensé que ce sentiment a disparu à notre époque. Cependant, je n'ai jamais vu deux autres hommes être si profondément proches dans les joies de l'amitié, en dépit d'évènements qui auraient séparé d'autres personnes.

Il n'existe aucune vertu qui ressemble autant à un vice que le fait d'avoir plusieurs amis et connaissances. Toutefois, il s'agit bien d'un mérite, constitué de diverses qualités, puisque les amis ne se gagnent que par la tolérance, la générosité, la patience, la loyauté, les signes d'affections, les sentiments partagés et la modération. Il est important de protéger ses amis, leur enseigner ce que l'on sait, et les devancer par toute sorte d'actes louables.

Nous ne parlons pas des mercenaires, ou de ceux qui nous suivent en temps de réussite. Quant à eux, ce sont les voleurs du titre d'ami, ils trompent l'amitié. Tu les considères en tant qu'amis alors qu'ils ne le sont pas. La preuve est qu'ils t'abandonnent lorsque tes jours de gloire te quittent.

Nous ne parlons pas non plus de ceux qui se lient d'amitié pour un but particulier, ni de ceux qui se réunissent pour boire, ni de ceux qui s'unissent pour commettre des crimes, des infamies, pour attaquer l'honneur des gens, pour satisfaire leur curiosité malsaine ou en vue de tout autre objectif vain. Il ne s'agit absolument pas d'amis. La preuve de cela est qu'ils tiennent de mauvais propos les uns des autres et se séparent aussitôt que les mauvais intérêts qui les ont réunis sont atteints.

Nous ne parlons que des véritables amis qui s'unissent seulement dans l'amour d'Allah, soit pour s'entraider à accomplir le bien, soit pour goûter aux plaisirs du seul type d'amitié sincère.

Celui qui commet l'erreur d'avoir trop d'amis devra faire face à la difficulté de tous les garder heureux, aux dangers de s'associer avec eux, aux devoirs qui tombent sur nous lorsqu'ils sont sujets aux épreuves, car si tu les trahis ou les laisses tomber, tu seras critiqué et blâmé.

D'un autre côté, si tu leur es loyal, tu porteras atteinte à ta personne au point où tu pourrais perdre la vie, mais ce choix est le seul acceptable pour l'homme vertueux qui souhaite être sincère en amitié.

Celui qui réfléchit aux inquiétudes que nous causent les

épreuves que nos amis traversent, ou que nous traversons à cause d'eux (mort, séparation, trahison...), se rendra compte que la joie qu'ils nous apportent est compensée par la douloureuse tristesse qu'ils causent.

Il n'existe aucun vice qui ressemble autant à une vertu que le désir de recevoir des éloges. En effet, si quelqu'un chante nos louanges en notre présence, nous serions bêtes d'y croire, sachant tout ce que la Sounnah nous a enseigné au sujet des flatteurs.

Cependant, l'éloge peut être utile pour encourager une personne à commettre moins de mauvaises actions et plus de bonnes œuvres. Elle peut conduire celui qui l'entend à obtenir un tempérament similaire à celui dont on a fait l'éloge. C'est pourquoi j'aimerais que les dirigeants de ce monde accueillent avec des éloges l'un de ces gens qui répandent le mal partout où ils passent et dont il est dit qu'ils ont commis de mauvaises choses. Lorsque ce criminel entendra que ses éloges sont chantés partout à propos de ses bonnes actions et de sa générosité, il ne sera plus capable de mal agir !

Certains conseils sont difficiles à distinguer de la médisance. En effet, celui qui entend quelqu'un critiquer un individu injustement et cache à la victime ces odieux propos aura lui-même été injuste et à blâmer.

En revanche, s'il lui dévoile trop brutalement, il pourrait apporter plus de problèmes au médisant malveillant qu'il n'en aura réellement mérité. C'est un acte d'injustice, car il n'est pas juste de punir les malfaiteurs au-delà de la mesure de leur mauvais acte. Il est difficile pour tout le monde, sauf l'homme très intelligent, de gérer cette situation.

La solution à adopter par l'homme sage en une telle situation consiste à protéger la victime contre le médisant, rien de plus, et non pas à l'informer de ce qu'il a dit. Cela permet de l'empêcher de se rendre auprès du médisant et de tomber dans des problèmes plus importants. Quant à l'utilisation de la ruse, elle ne doit servir qu'à protéger la victime, mais rien de plus que cela.

Donner des informations consiste à rapporter à quelqu'un quelque chose qu'on a entendu et qui ne nuit en aucun cas à la personne à laquelle on s'adresse. La force provient d'Allah.

Le conseil peut être donné deux fois. La première est prescrite comme devoir religieux. La seconde fois est un rappel et un avertissement. Si tu répètes le conseil une troisième fois, il devient une remontrance, une réprimande. Au-delà de tout cela, tu dois donner une tape et frapper, ou même essayer des méthodes plus sérieuses qui peuvent causer des dommages.

Certes, c'est seulement quand il concerne les questions religieuses qu'il est permis de répéter constamment le conseil, que celui à qui il est destiné l'accepte ou s'énerve, que celui qui le donne en souffre ou non.

Lorsque tu conseilles, fais preuve de douceur, ne crie pas. Fais des allusions, ne parle pas ouvertement à moins que tu ne sois face à quelqu'un de déterminé à ne pas comprendre. Dans ce cas, expliquer est essentiel.

Ne conseille pas seulement en échange de la condition que le conseil soit suivi. Autrement tu serais un tyran, non un conseiller. Tu demanderais obéissance, ne donnant pas leurs droits aux sentiments religieux et fraternels. Ni la raison ni l'amitié ne te donnent le droit d'insister. Il s'agit plutôt du droit que le gouverneur détient sur ses sujets ou que le maître possède sur l'esclave.

Ne demande pas à ton ami plus que ce que tu es préparé

à donner. Demander plus revient à abuser de son amitié. Ne gagne rien sauf en exposant ta personne au préjudice ou ton comportement deviendra détestable.

Si tu trouves des excuses à l'égoïste et au cupide et que tu fermes les yeux sur leurs erreurs, tu ne fais pas preuve d'humanité ou de vertu. Au contraire, il s'agit d'une bassesse qui les encourage à continuer dans leur attitude. Ce sont des applaudissements qui les soutiennent dans leurs actes.

Une telle indulgence n'est humaine que dans le cas du juste qui est prompt à pardonner et à agir de manière altruiste. Dans ce cas, il est obligatoire pour l'homme bon de se comporter de la même façon envers lui, surtout s'il se trouve dans un besoin urgent d'une telle tolérance et que cela est nécessaire pour lui.

On pourrait rétorquer : « Selon ce que tu dis, nous devrions cesser de nous montrer tolérants et de fermer les yeux quand il s'agit de nos amis. Amis, ennemis et étrangers seraient tous traités de la même façon. Cela ne peut pas être correct. »

Notre réponse, qu'Allah nous accorde la réussite, ne consisterait à rien d'autre que d'encourager à la tolérance et l'altruisme.

Tu ne dois pas fermer les yeux sur le cupide, seulement sur l'ami véritable. Si tu souhaites savoir de quelle manière tu devrais te comporter dans cette situation, comment te maintenir sur le chemin de la vérité, alors voici.

Dans la situation où l'un de deux amis doit se montrer altruiste pour le bien de l'autre, chacun des deux doit examiner le problème et voir lequel d'entre eux se trouve dans le besoin le plus urgent, les circonstances les plus pressantes.

L'amitié et l'humanité imposeront ensuite à l'autre l'obligation de l'altruisme. S'il ne s'en acquitte pas, il se sera montré cupide, avide et ne méritera aucune indulgence puisqu'il n'aura agi ni comme un ami ni comme un frère.

Si les deux se trouvent dans un besoin égal, subissent des épreuves équivalentes, la véritable amitié impliquerait qu'ils rivalisent dans l'altruisme. S'ils agissent de la sorte, ils sont tous les deux amis. Si l'un des deux se précipite vers l'altruisme au contraire de l'autre, et que c'est habituel, le second n'est pas un ami et il n'y a nul besoin de faire preuve d'amitié envers lui. En revanche, s'il s'était précipité à sacrifier sa personne dans d'autres circonstances, alors on peut parler d'un duo d'amis.

S'il existe quelqu'un dans le besoin que tu souhaites aider, que l'initiative provienne de toi ou de lui, n'en fais pas plus que ce qui est attendu de toi, et non pas ce que tu as choisi de faire. Si tu dépasses la ligne, tu ne mériteras pas de remerciements, mais plutôt des critiques de la personne et des autres. Tu attireras l'hostilité au lieu de l'amitié.

Ne répète pas à ton ami des choses qui le rendront malheureux et qui ne lui seraient pas bénéfiques de connaître. Ce serait agir à la manière de l'imbécile.

Ne lui cache rien de ce qui lui causerait du tort de ne pas savoir. Ce serait agir à la manière du malveillant.

Ne te réjouis pas si on te fait des éloges pour une qualité que tu n'as pas. Au contraire, sois déçu, car cela mettra tes manques en lumière aux yeux des autres. Faire de tels éloges n'est que moquerie et seul un idiot s'en réjouirait.

Ne t'attriste pas si on te critique pour un défaut que tu n'as pas. Au contraire, réjouis-toi, car ton mérite sera mis en lumière aux yeux des autres.

En revanche, tu dois te réjouir de posséder une qualité méritoire, qu'un autre en fasse l'éloge ou non, et tu dois t'attrister de détenir un défaut blâmable, qu'un autre en fasse la critique ou non.

Celui qui entend de mauvais propos au sujet de la femme de son ami ne doit en aucun cas lui dire, en particulier si l'auteur de tels propos est un médisant ou un bavard, l'un de ceux qui essaient de détourner l'attention de leurs propres erreurs en augmentant le nombre de gens similaires à eux. Cela se produit souvent.

De manière générale, il est préférable de s'en tenir à la vérité. Or, dans ce cas, tu ne peux pas savoir si ces propos sont vrais ou faux, mais tu sais que c'est un grave péché d'avoir de telles opinions.

En revanche, si tu te rends compte que les mêmes propos sont tenus par plusieurs colporteurs et non pas un seul, ou que tu es en capacité de vérifier si ces propos sont fondés, même si tu n'es pas en mesure de mettre ton ami dans une position qui lui permet d'observer ce que tu as observé, alors tu dois tout lui dire, en privé et avec tact.

Tu dois tenir des propos tels que « Il y a plusieurs femmes qui... » ou « Prends soin de ton foyer, enseigne à ta famille, évite ceci, fais attention à cela... ». S'il tient compte de ton conseil et qu'il se met sur ses gardes, il aura tiré profit de cette opportunité. Si tu remarques qu'il ne prend aucune précaution et qu'il ne s'inquiète de rien, tu dois impérativement te contrôler, ne pas dire un mot et rester son ami, car le fait qu'il n'ait pas cru à ce que tu lui as dit ne t'oblige pas à rompre avec lui.

Cependant, si tu as été en position de voir une preuve déterminante et que tu as été capable de mettre ton ami dans la position de voir la même preuve, il est de ton devoir de lui parler et de le mettre face à la vérité. S'il change son attitude, c'est un bien. Dans le cas contraire, tu dois fuir son amitié, car il serait un homme vil, sans aucune vertu ni ambition noble.

Le fait qu'un homme entre dans une maison secrètement est une preuve suffisante de ses mauvaises intentions. La même chose est vraie en ce qui concerne une femme qui entre secrètement chez un homme. Il serait stupide d'exiger des preuves supplémentaires. Tu dois fuir une telle femme, ou au moins t'en séparer. Celui qui la garde auprès de lui serait presque un entremetteur.

Les hommes peuvent être divisés en sept catégories en fonction de certains traits de caractère.

Certains font ton éloge en ta présence et te critiquent derrière ton dos. C'est la caractéristique des hypocrites et des calomniateurs. C'est très commun, principalement chez les hommes.

D'autres te critiquent en ta présence et derrière ton dos. C'est la caractéristique des médisants effrontés qui ont du pouvoir.

Certains font ton éloge en ta présence et derrière ton dos. C'est la marque des flatteurs et de ceux qui souhaitent grimper dans l'échelle sociale.

D'autres te critiquent en ta présence et font ton éloge derrière ton dos. C'est la caractéristique des idiots et des imbéciles.

Les vertueux s'appliquent à ne pas faire d'éloges ni de critiques en ta présence. Ils font soit ton éloge en ton absence, soit ils se retiennent de te critiquer.

Les médisants qui ne sont pas hypocrites ou ignorants ne disent rien en ta présence et te critiquent en ton absence.

Quant à ceux qui désirent une vie paisible, ils s'appliquent à ne faire ni ton éloge, ni te critiquer, que ce soit en ta présence ou ton absence.

Nous avons observé ces catégories d'individus par nous-mêmes, nous en avons fait l'expérience et avons trouvé qu'elles étaient bien réelles.

Lorsque tu donnes conseil, trouve un endroit en privé et exprime-toi avec douceur. Ne dis pas qu'un autre a également prononcé les critiques que tu adresses à ton compagnon, ce serait commettre un tort par tes propos.

Si tu exprimes ton conseil brutalement, tu causeras de l'agacement et du découragement. Le Tout-Puissant a dit :

« Puis, parlez-lui gentiment. »[1]

Le Prophète (paix sur lui) a dit : *« Ne le découragez pas. »*[2]

Si tu conseilles quelqu'un en insistant pour que ton conseil soit pris, tu agis mal puisque tu pourrais te tromper et tu insisterais alors pour que l'on accepte ton erreur et que l'on rejette la vérité.

Toute chose a son utilité. J'ai donc grandement profité

---

1 Sourate 20 : Ta-Ha, verset 44.
2 N.D.T : Nous n'avons pas trouvé la référence de ce hadith.

de la fréquentation des ignorants. Cela m'a inspiré, a éveillé mon âme, aiguisé mon esprit, m'a poussé à agir et a donné naissance à des écrits d'une certaine valeur. Si les ignorants n'avaient pas suscité quelque chose de profond en moi, s'ils n'avaient éveillé ce qui dormait en moi, je ne me serais pas plongé dans l'écriture de ces travaux.

Ne mets pas en danger ta relation avec un ami en épousant une femme de sa famille. Ne signe pas non plus de contrat avec lui. Nous n'avons jamais vu ces deux actes résulter autrement que par une rupture, là où les ignorants s'attendaient à un renforcement des liens d'amitié. En effet, ces deux actes forcent chaque partie à exercer ses propres intérêts en dépit de l'autre.

Lorsqu'apparaît une divergence d'intérêts personnels, des disputes se produisent. Or, les disputes altèrent les liens d'affection.

L'alliance la plus solide est celle entre deux personnes issues de la même famille, car le fait qu'il y ait une parenté les force à supporter l'union, même s'ils sont très malheureux, puisqu'ils sont unis par un lien incassable, celui de leur origine commune, que leur nature les force à défendre et protéger.

Chapitre 7 : Les différents types d'amour

Il m'a été demandé de détailler le sujet de l'amour et de ses différents types.

Tous les types d'amour appartiennent à la même famille. L'amour se caractérise par le désir ardent du bien-aimé, l'horreur de la séparation et l'espoir d'obtenir un amour réciproque.

Il a été suggéré que le sentiment varie en fonction de son objet. Cependant, l'objet varie seulement en fonction du désir de l'amoureux, selon qu'il augmente, diminue ou qu'ils disparaissent tous les deux.

Donc, l'amour ressenti pour Allah le Tout-Puissant est l'amour parfait. Quant à l'amour qui unit les êtres en quête d'un même idéal, l'amour envers un père, un fils, des parents, un ami, un souverain, une femme, un bienfaiteur, une personne en laquelle on a placé des espoirs, un amoureux : tous sont généralement les mêmes, car ils sont tous des formes d'amour.

En revanche, ces différents types que je viens de lister varient dans la quantité d'amour suscitée selon ce que l'objet de l'amour est capable de donner de lui-même.

Ainsi, l'amour peut prendre différentes formes. Nous avons vu des hommes mourir d'un cœur brisé à cause de leurs fils, exactement de la même manière qu'un amoureux pourrait voir son cœur brisé par sa bien-aimée. Nous avons entendu parler d'un homme qui ressentait une crainte et un amour envers Allah si intenses qu'il en mourra. Nous savons qu'un homme peut être aussi jaloux d'eux qu'un amoureux l'est de ses amantes.

La plus minime des choses qu'un amoureux peut espérer de l'être aimé est de gagner son estime, son attention, de pouvoir l'approcher, n'osant pas attendre plus que cela. C'est ce à quoi aspirent ceux qui s'aiment en Allah, le Tout-Puissant.

L'étape suivante s'atteint lorsque le désir grandit à travers le temps passé ensemble, en discussion, et lorsque de l'intérêt est démontré mutuellement. C'est le degré d'amour ressenti par un homme envers son prince, son ami ou son propre frère.

Mais le sommet de ce qu'un amoureux peut souhaiter de l'être aimé est de pouvoir la prendre dans ses bras lorsqu'il la désire. C'est pourquoi nous voyons un homme passionnément amoureux de sa femme essayer différentes positions pendant l'amour, différents endroits, afin de ressentir qu'il la possède complètement. C'est dans cette catégorie que nous pouvons inscrire les caresses et les baisers.

Dans une moindre mesure, l'amour qui naît chez un père envers son enfant peut le conduire à l'embrasser et le caresser.

Tout ce que nous venons de mentionner dépend uniquement du désir. Lorsque, pour une raison quelconque, le désir envers l'objet d'un amour disparaît, l'âme est conduite vers un objet différent.

Ainsi, nous observons que l'homme qui croit en la possibilité de voir Allah le Tout-Puissant y aspire ardemment, en a grande soif et ne sera jamais satisfait par tout ce qui est moindre que ce qu'il désire. En revanche, celui qui n'y croit pas n'aspire pas à cette drogue et ne la souhaite pas, ne ressentant aucun désir envers elle. Il se satisfait d'être soumis à la volonté divine et de se rendre à la mosquée. Il n'a aucune autre ambition.

Nous avons remarqué que celui légalement capable d'épouser ses proches n'est pas satisfait par les avantages qui satisfont celui qui n'a pas le droit de les épouser. Son amour ne s'arrête pas au même point que l'amour d'un homme qui est interdit, par la loi, de les aimer.

Ceux, comme les Zoroastriens et les Juifs, qui ont le droit d'épouser leurs propres filles et nièces, ne restreignent pas leur amour au même point que les Musulmans. Au contraire, ils éprouvent le même amour envers leurs filles et leurs nièces qu'un Musulman éprouve pour une femme avec laquelle il passera la nuit.

On ne verra jamais un Musulman désirer ses proches de cette manière, même s'ils sont plus beaux que le soleil lui-même, même s'il est le plus débauché et amoureux des hommes. Et si, de manière exceptionnelle, cela devait arriver, ce serait seulement chez les impies qui ne se sentent pas restreints par la religion, qui s'autorisent chaque pensée lubrique et qui trouvent chaque porte du désir ouverte à eux.

On ne peut garantir qu'un Musulman ne tombe pas amoureux de sa cousine si excessivement que son amour devienne une passion qui dépasse l'affection qu'il éprouve envers sa fille ou nièce, même si cette cousine n'est pas aussi belle qu'elles. En fait, il pourrait désirer des choses de sa cousine auxquelles il ne penserait jamais avec sa fille ou sa nièce.

En revanche, un Chrétien considèrera sa cousine avec un respect similaire, car il ne lui est pas permis de la désirer. Cependant [contrairement au Musulman], il ne lui est pas obligé de se retenir envers sa sœur d'allaitement, puisqu'il peut la désirer sans transgresser les lois de sa religion.

Nous constatons désormais la véracité de ce que nous avons cité plus haut : l'amour, dans toutes ses manifestations, représente une seule famille générale, mais ses types diffèrent grandement selon les différents objets du désir qui en découle.

Cela étant dit, la nature humaine est la même partout, mais les différentes coutumes et croyances religieuses ont produit des différences visibles.

Nous ne disons pas que le désir n'a d'influence qu'en amour. Nous dirions qu'il est la cause de toutes les sortes d'attention, même celles qui concernent les biens et le rang social.

Ainsi, on peut observer un homme qui assiste à la mort de son voisin, de son oncle maternel, de son ami, de son cousin, de son grand-oncle, de son neveu, de son grand-père maternel ou de son petit-fils, qui n'a aucun droit sur leurs biens, ne pas s'en soucier du fait que ça lui a échappé, aussi importante et considérable que puisse être leur fortune, car il n'en attendait rien. En revanche, aussitôt qu'un membre éloigné de la famille de son père meurt, ou un de ses clients les plus distants, il commence à convoiter leurs possessions. Avec la convoitise vient l'encombrement de l'anxiété, du regret, de la colère ainsi qu'une grande peine si une petite part de leurs fortunes lui échappe.

Le même principe s'applique au rang social. Un homme appartenant à la classe sociale la plus basse ne se soucie pas de ne pas être consulté lorsqu'il y a un changement de gouverneur dans sa contrée. Il ne se soucie pas de la promotion ou de la destitution d'un autre. En revanche, dès qu'il commence à viser une meilleure position pour lui-même, cela provoque tellement d'inquiétude, d'angoisse et de colère chez lui qu'il peut en perdre son âme, son bas monde et son rang dans l'au-delà. Ainsi, la convoitise est la cause de toutes les humiliations et de toutes les sortes d'angoisse. Il s'agit d'un comportement mauvais et méprisable.

L'opposé de la convoitise est le désintérêt. Il s'agit d'une qualité vertueuse qui combine courage, générosité, justice et intelligence. L'homme désintéressé est vraiment intelligent, car il comprend la vanité de la convoitise et préfère le désintérêt. Son courage donne naissance à une grandeur d'esprit qui le rend désintéressé. Sa générosité naturelle l'empêche de se préoccuper des biens qu'il a manqué. Sa nature équitable lui fait aimer la réserve et la modération de ses désirs.

Ainsi, le désintérêt est composé de ces quatre qualités, tout comme la convoitise, son opposé, est composée des quatre défauts contraires que sont la lâcheté, la cupidité, l'injustice et l'ignorance.

La cupidité est une forme de convoitise qui souhaite posséder toute chose. Elle est insatiable et ne fait qu'augmenter en demandes. S'il n'existait aucune chose telle que la convoitise, personne ne se serait rabaissé devant autrui. Abu Bakr ibn Abu ibn Al-Fayyad m'a dit : « 'Uthman ibn Muhamis a inscrit sur la porte de sa maison à Ecija [Séville] : « 'Uthman ne convoite rien. » ».

Un homme, que la présence d'un autre qu'il déteste rend malheureux, est similaire à celui que l'absence d'une personne qu'il aime rend malheureux. Il n'y a rien qui permette de choisir entre ces deux situations.

Lorsque l'amoureux souhaite oublier, il peut être certain

d'être capable d'y arriver. Ce souhait est toujours exaucé.

Si tu traites avec respect la personne avec laquelle tu vis, elle te traitera avec respect à son tour.

L'homme malheureux en amour est celui tourmenté par une passion pour une personne avec laquelle il ne peut se confiner ni s'unir sans provoquer la colère d'Allah ou la critique de ses semblables.

L'idéal est lorsque les deux amoureux s'accordent dans leur amour mutuel. Pour que l'amour suive son cours librement, il est essentiel que les deux parties ne s'ennuient pas, car il s'agit d'un mauvais sentiment qui donne naissance à la haine.

L'amour parfait existerait si le destin oubliait les deux amoureux alors qu'ils jouissent l'un de l'autre, mais où cela peut-il se produire, sauf au Paradis ? C'est seulement là-bas que l'amour peut être certain d'être à l'abri, car il s'agit du gîte de la stabilité éternelle. En revanche, ici-bas, de tels sentiments ne sont pas protégés des malheurs et nous parcourons la vie sans jamais goûter au plaisir complet.

Lorsque la jalousie meurt, tu peux être assuré que l'amour est également mort.

La jalousie est un sentiment vertueux composé de courage et de justice. Certes, l'homme juste déteste enfreindre les droits sacrés des autres et déteste voir les autres porter atteinte à ses propres droits sacrés. Lorsque le courage est inné chez une personne, il donne naissance à une grandeur d'esprit qui abhorre l'injustice.

Un homme dont j'ai suivi les péripéties ces derniers temps m'a une fois avoué qu'il n'avait jamais connu la jalousie avant d'être tourmenté par l'amour. Ce n'est qu'à ce moment qu'il s'est senti jaloux. Cet homme était corrompu de nature, de mauvais caractère, mais perspicace et généreux.

L'amour augmente en passant par cinq étapes.

La première consiste à trouver quelqu'un agréable. C'est-à-dire qu'une personne trouve l'autre aimable ou est séduite par son caractère. Cela fait partie de l'amitié.

Ensuite se trouve l'admiration. Elle consiste à désirer se trouver proche de la personne qu'on admire.

Vient ensuite l'amitié intime, lorsque les autres te manquent terriblement pendant leur absence.

L'étape suivante est le sentiment amoureux, lorsque tu es complètement obsédé par le bien-aimé. Dans le vocabulaire spécifique de l'amour, on nomme ce sentiment « Al-'Ishq », « L'amour qui asservit ».

Enfin se trouve la passion. Celui qui l'éprouve ne dort plus, ni ne mange, ni ne pense. Elle peut te rendre malade au point de délirer ou même de mourir. Au-delà de cela ne se trouve aucun endroit où l'amour peut prendre fin.

Chapitre 8 : la beauté physique

Lorsque j'ai été interrogé à ce sujet, voici ce que j'ai répondu.

La grâce se compose de traits délicats, de mouvements souples, de gestes élégants, d'une âme en harmonie avec le corps que le destin lui a attribué, même lorsque n'apparaît aucune beauté visible.

Le physique est composé de la beauté de chaque caractéristique observée séparément. Cependant, la personne dont les caractéristiques sont belles lorsqu'elles sont considérées séparément peut tout de même avoir une allure froide et être dénuée de piquant, de charme, de pouvoir de séduction et d'élégance.

Le pouvoir de séduction est l'aura de l'apparence. On le nomme également élégance et attirance.

Le charme est une chose spéciale qu'aucun autre nom ne peut expliquer. Il est perçu par l'âme. Toute personne le reconnaît aussitôt qu'elle le voit. Il est semblable à un voile recouvrant le visage, à une lumière rayonnante qui attire tous les cœurs vers elle au point que tous s'accordent à le trouver magnifique, même s'il n'est pas accompagné de jolis traits.

Celui qui le voit est séduit, charmé, envoûté. Pourtant, en observant chaque partie séparément, tu ne trouveras rien de spécial.

On pourrait affirmer qu'il existe quelque chose de particulier et d'inconnu que tu peux observer en plongeant le regard dans l'âme. Il s'agit du type de beauté suprême. Cependant, les goûts diffèrent. Certains préfèrent le pouvoir de séduction, et d'autres l'élégance. En revanche, je n'ai jamais rencontré quelqu'un préférant l'apparence physique en tant que telle.

La beauté piquante est celle qui combine certaines de ces qualités.

Chapitre 9 : la moralité utile

L'instabilité, qui est un défaut, consiste à passer d'un mode de vie insensé et contraignant à un autre mode de vie tout autant insensé et contraignant, à passer d'un état absurde à un état tout aussi absurde sans raison valable.

En revanche, celui qui adopte des habitudes qui conviennent à ses capacités et ses besoins et qui rejette tout ce qui ne lui est d'aucune utilité fondera sa vie sur les meilleures sources de sagesse et de bon sens.

Le Prophète (paix sur lui), modèle de toute vertu, dont Allah a fait l'éloge du caractère, en qui Allah a réuni les qualités les plus diverses et parfaites, et dont Il a protégé du péché, avait pour habitude de visiter le malade, accompagné de ses amis.

Il se rendait aux frontières de Médine à pied, ne portant ni bottes, ni sandales, ni chapeau, ni turban. Il portait des vêtements tissés à partir de poils de bêtes sauvages lorsqu'il en avait. Il arrivait également qu'il porte des vêtements en tissu brodé s'il en possédait, ne portant jamais quoique ce soit d'inutile et n'oubliant jamais quoique ce soit de nécessaire, se satisfaisant de ce qu'il possédait et se passant de ce qu'il ne possédait pas.

Parfois, il chevauchait une mule de bonne espèce et d'autres fois il montait sans selle sur un cheval, un chameau ou un âne, en compagnie d'un ami derrière lui.

Il mangeait parfois des dattes sans pain, parfois du pain

sec, parfois de l'agneau rôti, parfois du melon frais ou des su-creries, prenant la quantité dont il avait besoin et partageant le surplus, ou délaissant ce dont il n'avait pas besoin et ne se forçant pas à prendre plus que nécessaire.

Il ne se mettait jamais en colère lorsqu'il se retrouvait seul à se battre pour une cause, et ne laissait personne l'empêcher de se mettre en colère lorsqu'il s'agissait d'Allah, le Tout-Puissant.

La persévérance qui consiste à tenir parole et celle qui n'est rien d'autre qu'obstination sont tellement similaires qu'elles ne peuvent être distinguées que par celui qui connaît la nature des différents caractères.

La différence entre ces deux types de persévérance est que l'obstination est agrippée à l'erreur. Ses actes sont ceux de celui qui persiste à faire ce qu'il a décidé alors qu'il sait que c'est incorrect, ou quand il ne sait pas avec certitude s'il agit correctement ou incorrectement. Une telle obstination est mauvaise.

L'opposé de l'obstination est la justesse. Quant à la persévérance qui consiste à tenir parole, ses actes sont ceux de celui qui agit en bien, ou qui croit bien agir, n'ayant vu aucune raison de penser le contraire. Cette qualité est digne d'éloges. Son opposé est l'inconstance.

Seule l'obstination est mauvaise, car elle te fait perdre l'habitude de réfléchir à une décision une fois qu'elle a été prise. Tu cesses alors de te demander si cette décision est bonne ou mauvaise.

Le bon sens est défini par la pratique de l'obéissance à Allah, de la piété et de la vertu. Cette définition implique de s'écarter de la désobéissance et des vices. Allah a cité cela clairement plus d'une fois dans Son Livre sacré, soulignant le fait que celui qui Lui désobéit agit déraisonnablement.

En parlant de certaines personnes, le Tout-Puissant a dit :

« Et ils dirent : «Si nous avions écouté ou raisonné, nous ne serions pas parmi les gens de la Fournaise». »[1]

Il a confirmé leurs propos comme étant vrais en disant :

« Ils ont reconnu leur péché. Que les gens de la Fournaise soient anéantis à jamais. »[2]

La stupidité se définit par la pratique de la désobéissance à Allah et la pratique des vices.

Quant au fait de devenir hystérique, d'insulter et de critiquer, sans savoir ce que l'on dit, il s'agit de folie et d'excès de bile.

La stupidité est l'opposé du bon sens, comme nous l'avons démontré précédemment. Il n'y a pas de juste milieu entre le bon sens et la stupidité sauf dans le cas de l'incompétence.

La définition de l'incompétence consiste à œuvrer ou parler d'une manière qui ne sert ni la religion, ni ce bas monde, ni la moralité saine. Il ne s'agit ni d'obéissance à Allah ni de désobéissance. Elle ne conduit pas non plus à ces actes. Elle n'est ni vertu ni vice. Elle consiste seulement à se perdre dans l'ineptie et l'incohérence de faire des choses vaines.

Il convient de considérer l'individu comme étant plus ou moins incompétent selon que ces actes soient fréquents ou

---

1   Sourate 67 : La Royauté, verset 10.
2   Sourate 67 : La Royauté, verset 11.

rares. De plus, il peut être incompétent dans une chose, sensible dans une autre et stupide dans une troisième.

L'opposé de la folie est la capacité de discernement et celle d'utiliser librement les connaissances scientifiques et techniques. C'est ce que les anciens appelaient « la capacité de raisonnement. » Il n'existe pas de point intermédiaire entre ces deux extrêmes.

Quant à l'art de gérer ses affaires en flattant les gens afin de gagner leurs faveurs et d'arranger une situation, à l'image des fausses transactions, de la perversion, et des mauvaises pratiques, quant aux combines qui permettent d'amasser une fortune, d'améliorer la réputation ou d'obtenir la gloire par des moyens criminels ou toute sorte de comportements vils, leurs auteurs ont avoué avoir perdu leurs sens.

Ils sont ceux qui ont confirmé les mots d'Allah à leur sujet lorsqu'Il a dit qu'ils avaient perdu leurs sens et qui savaient très bien comment mener leurs propres affaires mondaines. Cette caractéristique est nommée « ruse ». Ses opposés sont l'intelligence et l'honnêteté.

En revanche, pour celui qui, afin d'atteindre ces mêmes fins, agit avec réserve et dignité, on nommera cela détermination. Ses opposés sont la faiblesse et le gâchage.

La fiabilité c'est faire preuve de sérieux, savoir comment mettre le bon mot à la bonne place, faire preuve de modération dans la gestion de ta vie, et te montrer courtois envers quiconque vient à toi. Son opposé est l'incompétence.

La qualité de tenir parole est faite d'équité, de générosité et de courage. En effet, l'homme de confiance agit avec équité, car il pense qu'il est injuste de tromper quiconque lui fait confiance ou a agi en bien avec lui. En raison du fait qu'il souhaite réparer les injustices aussi rapidement que possible, il agit avec générosité. Il est courageux, car il a décidé de supporter sans flancher toutes les conséquences probables de sa fidélité.

La vertu possède quatre racines qui forment toute qualité. Ce sont l'équité, l'intelligence, le courage et la générosité.

Les vices sont issus de quatre racines qui forment tout défaut et qui sont les opposés des composants de la vertu. Ce sont l'injustice, l'ignorance, la lâcheté et la cupidité.

L'honnêteté et la modération sont deux types d'équité et de générosité.

Voici quelques lignes de ma poésie traitant de l'éthique. Abu Muhammad Ali Ibn Ahmad[1] dit :

L'esprit est la fondation
L'éthique construit sa forteresse sur lui.
Si l'esprit ne s'orne pas du savoir
Il se trouvera en détresse
L'ignorant est assurément aveugle
Et ne voit pas vers où il se dirige.
Si le savoir n'est pas associé à la justice
Il est mensonger.
Si la justice n'est pas associée à la générosité
Elle est oppressante.
La générosité dépend du courage.
La lâcheté est trompeuse.
Garde le contrôle de toi-même si tu es jaloux
Le jaloux n'a encore jamais commis l'adultère.
Toutes ces vertus sont sublimées par la piété.
La vérité dégage une lumière lorsqu'elle est dite.

---

1   Il s'agit du nom de Ibn Hazm, l'auteur.

C'est à partir des racines du bien que jaillissent les vœux [qui nous rapprochent d'Allah].

Voici quelques autres vers de poésie de mon style :

Justice, intelligence, générosité et force.
Toutes les autres vertus sont composées de ces quatre.
Celui qui les possède est à la tête des gens.
De même, c'est dans la tête que se trouve
Le bon sens qui permet de venir à bout toutes les difficultés.

Le désintéressement en tant que qualité humaine est une vertu faite de courage et de générosité. Cela est également vrai en ce qui concerne la patience.

La magnanimité est un type de courage. Elle n'a pas d'opposé.

La modération est une vertu faite de générosité et d'équité.

La cruauté naît de la convoitise, et la convoitise naît de l'envie. L'envie naît du désir et le désir naît de l'injustice, de l'avidité et de l'ignorance.

La cruauté donne naissance à de grands vices tels que l'asservissement, le vol, la colère, l'adultère, le meurtre, les passions et la crainte de la pauvreté.

Mendier ce qui appartient à un autre sert de tige à un penchant qui se trouve à mi-chemin entre la cruauté et la convoitise.

Si nous faisons une distinction entre la cruauté et la convoitise, c'est seulement, car la cruauté révèle la convoitise cachée dans l'âme.

L'art de la sociabilité est une qualité composée de magnanimité et de patience.

La véracité est composée de justice et de courage.

Celui qui vient à toi avec des mensonges s'en ira avec des vérités. En d'autres mots, celui qui te répète des mensonges qu'il attribue à une tierce personne te mettra hors de toi. Tu lui répondras alors et ta réponse est la vérité avec laquelle il s'en ira. Fais donc attention à ne pas agir de la sorte et à ne répondre que lorsque tu es certain de la provenance des mensonges.

Il n'y a rien de pire que le mensonge. En effet, comment ne pas tenir compte d'un vice dont l'une des variétés est la mécréance elle-même ? Toute mécréance n'est effectivement que mensonge. Le mensonge est une espèce et la mécréance est l'une de ses formes. Il naît de la malveillance, de la lâcheté et de l'ignorance. Certes, le mensonge rabaisse l'âme. Le menteur possède une âme vile, loin de pouvoir atteindre une grandeur digne d'éloges.

Si nous classons les gens par leur manière de parler, et rappelle-toi que c'est la parole qui distingue les humains des ânes, des chiens et des vermines, nous pouvons les ranger en trois catégories.

Les membres de la première catégorie ne se soucient pas de ce qu'ils transmettent. Ils disent tout ce qui leur passe par la tête, sans s'en tenir à la vérité ou corriger les erreurs. C'est la situation de la majorité des gens.

Un autre groupe s'exprime dans le but de défendre ses propres opinions fixes, ou pour protester contre ce qu'il croit être faux, sans essayer d'établir la vérité, simplement en campant sur ses positions. Il s'agit d'un cas fréquent, mais pas aussi grave que le premier groupe.

Le troisième groupe s'exprime d'une manière qu'Allah a désignée, et cela est plus précieux que le soufre rouge.

L'angoisse sans fin attend l'homme provoqué ou énervé par la justice.

Deux types de personnes vivent une vie d'insouciance.
Le premier type est digne d'éloges exceptionnels.
L'autre type est composé de ceux qui ne se soucient pas des plaisirs de ce bas monde et de ceux qui ne se soucient pas de la pudeur.

Pour s'éloigner des vanités de ce monde, il suffit de se souvenir que chaque nuit, chaque homme vivant, dans son sommeil, oublie tout ce qui l'a inquiété durant la journée, toutes ses craintes, tous ses espoirs. Il ne se souvient plus de ses enfants ou de ses parents, de la gloire ou de l'anonymat, des hautes responsabilités sociales ou du chômage, de la pauvreté ou de la richesse ni des catastrophes. Une telle leçon devrait suffire à la personne réfléchie.

L'une des dispositions les plus merveilleuses d'Allah dans ce monde est qu'Il a fait que la chose la plus nécessaire soit également la plus facile d'accès, comme on peut le voir dans le cas de l'eau et de ce qui est encore plus nécessaire qu'elle[1]. Et moins une chose est essentielle, plus elle est rare, comme dans le cas des pierres précieuses et de ce qui est encore moins utile.

Face à toutes ses préoccupations, l'homme est tel celui qui parcourt le désert. Chaque fois qu'il atteint un certain en-

---

1   C'est-à-dire l'air.

droit, il en voit d'autres qui s'ouvrent à lui. De même, chaque fois que l'homme accomplit une tâche, il en trouve d'autres qui s'accumulent.

A raison celui qui a dit que le bienfaisant passe un dur moment dans ce monde. Cependant, celui qui a affirmé qu'il se repose a également tenu un propos correct. Les bons souffrent de tout le mal qu'ils observent se répandre sur toutes choses, les submergeant et de toutes les illusions de justice qui se tiennent entre la vraie justice et eux-mêmes. Mais leur calme provient [de leur indifférence] à toutes les vanités de ce monde qui préoccupent le reste de l'humanité.

Prends soin de ne pas approuver l'orateur malveillant, de ne pas aider tes contemporains à accomplir quoique ce soit qui pourrait te nuire dans ce monde ou celui d'après, aussi insignifiant peut-il être. En effet, tu ne récolterais rien d'autre que le regret lorsque les regrets ne te seront plus d'aucune utilité. Celui que tu auras aidé ne te remerciera pas. Au contraire, il se réjouira de ton malheur, ou, dans le meilleur des cas, sera indifférent aux mauvaises conséquences [de ton acte] et à ta triste fin, tu peux en être certain.

En revanche, prends garde à contredire l'orateur et à t'opposer à tes contemporains au point de te porter préjudice dans ce monde et celui d'après, aussi peu que ce soit. Tu ne récolterais que la perte, l'hostilité et l'inimitié. Tu pourrais même être pris à partie et souffrir d'épreuves considérables qui ne seraient d'aucun bénéfice.

Si tu dois choisir entre mettre en colère des gens et mettre en colère le Tout-Puissant, et qu'il n'y a aucune issue sauf t'éloigner du droit chemin ou t'éloigner des gens, tu dois choisir de mettre les gens en colère et de t'éloigner d'eux. Ne mets pas Ton Seigneur en colère et ne fuis pas la justice.

Tu dois prendre pour modèle le Prophète (paix sur lui) lorsqu'il prêchait à l'ignorant, au pécheur et au malveillant. Celui qui prêche sèchement et amèrement agit mal et n'applique pas la méthode du Prophète (paix sur lui). Un tel prêcheur conduit la plupart du temps les membres de son audience à persister dans leurs mauvais agissements issus de l'obstination, de la colère et de la rage qu'ils éprouvent envers le sermonneur insolent. Il aura mal agi par ses propos.

En revanche, celui qui exhorte de manière avenante, avec sourire et douceur, en donnant l'impression de donner conseil et en faisant semblant de parler d'une autre personne lorsqu'il critique les défauts de celui à qui il s'adresse, ses mots auront plus d'impact et d'effet. Cependant, s'ils sont mal reçus, il doit continuer à exhorter ou éveiller un sentiment de honte chez l'autre, mais seulement en privé. Si [le conseil] n'est toujours pas accepté, il doit s'exprimer en présence d'une personne qui ferait changer le pécheur.

Il s'agit de la pratique qu'Allah ordonne quand Il commande l'usage de propos courtois. Le Prophète (paix sur lui) avait pour habitude de ne pas directement s'adresser à ceux qui l'écoutaient. Il (paix sur lui) leur disait plutôt : « Que pensez-vous de ceux qui font telles choses ? ». Paix sur lui ! Il faisait l'éloge de la douceur, nous a ordonné d'être tolérants et de ne pas polémiquer.

Il variait ses sermons afin de ne pas être ennuyant. Et Allah a dit :

« Mais si tu étais rude, au cœur dur, ils se seraient enfuis de ton entourage. »[1]

La sévérité et la dureté ne doivent pas être utilisées, sauf

---

1   Sourate 3 : La Famille de 'Imran, verset 159.

pour infliger un châtiment ordonné par Allah. Celui qui a reçu l'autorité spécifique d'infliger un tel châtiment ne doit pas être tendre.

Faire l'éloge, en présence du pécheur, d'une personne qui a agi différemment peut également avoir une bonne influence dans un sermon. C'est une incitation à mieux se comporter. Je ne connais aucun autre bienfait à l'amour de l'éloge : celui qui entend un autre être complimenté calque sa personne sur lui. C'est pour cette raison que nous devons conter les récits de vertu et de vice, afin que tous ceux qui les écoutent se détournent éventuellement des mauvaises œuvres qu'ils ont entendu que d'autres avaient commises et qu'ils accomplissent les bonnes œuvres qu'ils ont entendu que d'autres avaient faites, tirant ainsi leçon de l'histoire.

J'ai médité sur tout ce qui vit sous les cieux. J'ai longuement réfléchi à ce sujet et j'ai constaté que tout ce qui existe, vivant ou inanimé, possède une tendance naturelle à se développer en extirpant les caractéristiques des autres espèces et en les remplaçant par les siennes.

Ainsi, l'homme vertueux espère que tous les humains deviendront bons et le pécheur espère que tous les autres pécheront.

On peut observer que toute personne exposant une action passée de sa part et qui incite les autres à l'imiter dit : « J'ai toujours fait ceci et cela. ». Celui qui adopte une doctrine souhaite que tous l'approuvent.

Ce phénomène peut également être observé au sein des éléments. Lorsque certains deviennent plus forts que les autres, ils les transforment en leur propre substance. Tu peux assister à cela dans la manière dont les arbres se forment, et dans la façon dont les plantes et les arbres se nourrissent en transformant l'eau et la moisissure du sol en leur propre substance. En raison de cela, gloire à Celui qui a créé et organisé toute chose. Nulle divinité en dehors de Lui.

L'une des plus étonnantes manifestations du pouvoir d'Allah est que, malgré le grand nombre de créatures qui existent, tu n'en verras jamais aucune ressembler à une autre au point qu'il n'existe absolument aucune différence entre elles.

J'ai interrogé un homme très âgé, ayant atteint les quatre-vingts ans, lui demandant s'il avait déjà vu par le passé une quelconque silhouette ressemblant à un quelqu'un d'aujourd'hui de manière absolument identique. Il me répondit : « Non, au contraire, chaque forme possède un caractère unique. ».

La même chose est vraie à propos de tout ce qui existe dans ce monde. Celui qui étudie régulièrement et avec profondeur les différents objets et les corps qu'ils arborent est au courant de cela. Il est capable de discerner les différences et de distinguer un objet d'un autre, grâce aux nuances que l'âme peut percevoir, mais que les mots ne peuvent exprimer. Gloire au Tout-Puissant, L'Omniscient, dont le pouvoir est infini.

Parmi les curiosités de ce monde se trouve le fait de voir les gens se berner d'espoirs pervers qui ne leur apporteront rien d'autre que des problèmes à court terme et des soucis et des péchés à long terme.

Par exemple, une personne peut espérer l'augmentation du prix de la nourriture, une augmentation qui serait fatale pour d'autres. Néanmoins, même si l'on trouve un intérêt certain dans le fait qu'une chose se produise, l'espoir que l'on ressent ne la conduit toutefois pas à se produire avant son temps. Rien n'arrivera de ce qu'Allah n'a pas décidé. Si cette personne avait souhaité le bien et la prospérité pour les autres, elle aurait hâté sa récompense, atteint la paix de l'esprit et la vertu, tout cela sans se fatiguer le moins du monde. Sois donc étonné de la vaine corruption de ces caractères !

Chapitre 10 : Le traitement des caractères corrompus

L'homme sujet à l'orgueil doit méditer sur ses défauts. S'il est fier de ses qualités, il doit chercher ce qui est mauvais dans son caractère. Et si ses défauts lui sont tellement peu visibles qu'il pense qu'il n'en a pas, qu'il sache que son malheur durera pour toujours, qu'il est le pire des hommes, qu'il possède le pire des défauts et qu'il est le moins perspicace.

Il est avant tout faible d'esprit et ignorant. Aucun défaut n'est pire que ces deux, car le sage est celui qui voit ses propres travers, les combat et tente de les vaincre. Le sot les ignore, car il ne détient que peu de savoir et de discernement, sa réflexion étant faible, possiblement parce qu'il considère ses défauts comme étant des qualités. Il n'y a rien de pire que cela sur terre.

Nombreux sont ceux qui se vantent d'avoir commis la fornication, l'homosexualité, le vol, ainsi que d'autres péchés. Ils s'enorgueillissent de ces souillures et des moyens qu'ils ont déployés dans l'accomplissement de ces actes honteux.

Sache bien que personne sur terre n'est démuni de tout défaut à l'exception des Prophètes, paix sur eux.

Celui qui ne voit pas ses défauts est un être déchu. Il devient tellement vil, débauché, stupide, faible en raison, discernement et compréhension, qu'aucune différence n'existe entre lui et les hommes infâmes. Il est impossible de tomber plus bas que son état. Qu'il sauve son âme en recherchant ses propres défauts et en tournant son attention sur eux au lieu de s'enorgueillir et de s'occuper des défauts des autres, mettant en danger sa vie d'ici-bas et celle dans l'au-delà.

Je ne connais aucun bienfait à tirer dans l'écoute des défauts des autres, sauf dans le fait que celui qui les entend peut en tirer une leçon, les éviter et chercher à en guérir par l'aide et la puissance d'Allah.

Parler des défauts des autres est un grave déshonneur qui est absolument inacceptable. Il faut éviter de le faire, sauf lorsque l'on souhaite conseiller quelqu'un dont on craint qu'il ne tombe sous l'emprise de la personne critiquée, ou lorsqu'on l'on souhaite seulement réprimander l'orgueilleux, ce qui doit être fait en sa présence et non pas derrière son dos.

Tu dois ensuite dire au vantard : « Tourne-toi et regarde-toi. Lorsque tu auras perçu tes défauts, tu auras trouvé le remède à ton orgueil. ».

Ne te compare pas à celui qui a plus de défauts que toi, afin d'alléger tes erreurs et d'imiter les gens mauvais.

Nous avons déjà blâmé ceux qui imitent servilement les bonnes actions, que devons-nous donc dire de ceux qui imitent servilement les mauvaises œuvres.

Au contraire, tu dois te comparer à quelqu'un de plus vertueux que toi. C'est alors que ton orgueil disparaîtra. Tu seras ensuite guéri de cette maladie détestable qui a fait naître en toi du mépris envers les autres, alors que se trouvent sans aucun doute des gens meilleurs que toi parmi eux.

Si tu les méprises sans motif, ils auront une raison de te mépriser. Tu exposeras donc ta personne au mépris, voire au dédain, à la colère d'Allah et à la perte de toute trace de vertu qui se trouvait peut-être en toi.

Si tu es fier de ton intelligence, rappelle-toi toutes les mauvaises pensées qui ont traversé ton esprit et les espoirs trompeurs qui t'assaillent. Dès lors, tu réaliseras à quel point ton intelligence est faible.

Si tu es fier de tes opinions, souviens-toi de tes erreurs, garde-les en mémoire, ne les oublie pas. Pense toutes les fois où tu croyais avoir raison. Réfléchis ensuite au nombre de fois où tu as vu juste et où tu as eu tort. Tu verras alors que dans la plupart des cas tu as autant eu raison que tort. Cependant, il est probable que tes erreurs soient plus nombreuses, car c'est le cas de tous les humains à l'exception des Prophètes, paix d'Allah sur eux !

Si tu es fier de tes bonnes actions, rappelle-toi tes moments de désobéissance, tes péchés et ta vie sous tous ses aspects. Par Allah, tu verras alors que leur nombre surpasse celui de tes bonnes œuvres et qu'il les fera tomber dans l'oubli. Tu dois donc t'inquiéter longuement de cela et remplacer ta fierté par le dédain de ta personne.

Si tu es fier de ton savoir, tu dois prendre conscience que tu n'en as aucun mérite : c'est un pur cadeau qu'Allah t'a attribué. Ne l'accepte pas d'une manière qui mettrait le Tout-Puissant en colère, car Il pourrait le faire disparaître en te soumettant à une maladie qui te ferait oublier tout ce que tu as appris et gardé en mémoire.

On m'a dit que cela est arrivé à 'Abd Al-Malik Ibn Ta-rif qui était un savant intelligent, modéré, précis dans ses recherches, doté d'une mémoire tellement prodigieuse que pratiquement rien de ce qui atteignait ses oreilles n'avait besoin d'être répété une seconde fois. Il entreprit un voyage en bateau et affronta en mer une tempête si terrible qu'il perdit la mémoire de la plupart de ce qu'il avait appris. Son esprit en fut bouleversé. Il ne retrouva plus jamais son intelligence complète.

J'ai moi-même été frappé par la maladie. Lorsque je me suis rétabli, j'avais oublié la totalité de mes connaissances, à l'exception de quelques idées de faible valeur. Je ne les ai récupérées que plusieurs années plus tard.

Tu dois également savoir que de nombreuses personnes sont avides de connaissance, se dévouent à la lecture, aux études et à la recherche, mais n'en tirent aucun profit. Le savant doit réaliser que s'il suffit de partir à la recherche du savoir, alors de nombreux autres atteindront de plus hauts rangs que lui. Le savoir est, certes, un don d'Allah. Quelle est donc la place de l'orgueil ici ? On ne peut que se sentir humble, remercier Allah Le Tout-Puissant et L'implorer d'augmenter Ses bienfaits et de ne pas les retenir.

Tu dois également réfléchir à tout ce qui ne t'a pas encore été dévoilé, tout ce que tu ne connais pas des différentes branches du savoir. Les aspects que tu ne connais pas de la spécialité que tu as choisie et dans laquelle tu es si fier de t'être plongé, sont plus nombreux que ceux que tu connais. Tu dois donc remplacer ta fierté par du mépris et du dédain pour ta personne, ce serait meilleur. Pense à ceux qui sont plus savants que toi, tu constateras qu'ils sont nombreux. Que ton esprit soit modeste à tes yeux.

Tu dois également te rappeler que tu peux être trompé par le savoir, car si tu ne mets pas en pratique ce que tu sais, ton savoir témoignera contre toi et il aura été meilleur pour toi de ne pas être un savant. En effet, tu dois garder à l'esprit qu'un ignorant est plus sage que toi, se trouve dans une meilleure position et possède plus d'excuses. Que ton orgueil puisse complètement disparaître.

De plus, le savoir dans lequel tu es si fier de t'être plongé représente peut-être l'une des branches de la connaissance les moins importantes ou est peut-être d'une valeur réduite, à l'image de la poésie ou de ce qui est similaire.

Tu dois ensuite penser à celui dont le domaine d'étude est plus noble que le tien à l'échelle de cette vie et de celle d'après. Ton âme doit alors devenir modeste à tes yeux.

Si tu es fier de ton courage, rappelle-toi de ceux qui sont plus vaillants que toi. Examine ensuite ce que tu fais de ce courage qu'Allah t'a donné.

Si tu le gâches dans la désobéissance envers Allah, tu es un idiot qui est en train de perdre son âme en commettant des actes qui n'ont aucune valeur. Si tu utilises ton courage dans l'obéissance à Allah, tu le gâches par ton orgueil.

Tu dois également garder à l'esprit que ton courage déclinera au fur et à mesure que tu vieilliras, et si tu vis aussi longtemps, tu deviendras dépendant, aussi faible qu'un nourrisson.

Il est vrai que je n'ai jamais vu aussi peu d'orgueil que chez les braves. À mes yeux, cela prouve la pureté, la grandeur et la noblesse de leurs esprits.

Si tu es vaniteux en raison de ta force, souviens-toi de ceux qui peuvent s'élever contre toi parmi tes collègues, tes égaux, qui sont des hommes pouvant être pervers, faibles et vils. Tu dois te rappeler qu'ils te sont égaux en force, même si tu aurais honte d'être comme eux à cause de leurs extrêmes bassesses, l'ignominie de leurs âmes, de leurs morales, de leurs origines. Tu dois mépriser tout honneur qui t'unit à de tels hommes, même si tu venais à posséder le monde entier et à n'avoir aucun adversaire. C'est une chose bien improbable, puisque jamais personne n'a entendu parler d'un homme possédant entièrement le monde habité, même lorsqu'il était encore de taille réduite comparé aux zones inhabitées. Réfléchis ensuite à quel point cela est petit en comparaison à la sphère céleste qui entoure l'univers !

Rappelle-toi de ce qu'a dit Ibn Al-Sammak à Al-Rashid lorsque ce dernier demanda à ce qu'on lui apporte un verre d'eau : « Commandeur des Croyants, si cette eau t'était refusée, qu'offrirais-tu en échange de son obtention ? »

« Mon royaume entier. » répondit Al-Rashid.

Ibn Al-Sammak continua : « Commandeur des Croyants, si tu te rendais compte que tu ne pouvais plus évacuer l'eau de ton corps, que sacrifierais-tu pour en être capable à nouveau ? »

« Mon royaume entier. » répondit-il.

Ibn Al-Sammak dit : « Ô Commandeur des Croyants, comment peux-tu te vanter d'un royaume qui ne vaut même pas un peu d'urine et quelques gorgées d'eau ? ».

Ibn Al-Sammak avait raison, qu'Allah lui fasse miséricorde.

Si tu étais le roi de tous les Musulmans, tu devrais garder à l'esprit que le roi du Soudan, un homme noir peu scrupuleux, un ignorant ne couvrant pas ses parties intimes, possèderait un royaume plus étendu que le tien.

Si tu disais : « Je l'ai pris de droit », je jure que tu ne l'aurais pas pris de droit s'il était pour toi une source d'arrogance et que tu n'avais pas usé de ta position pour apporter la justice. Tu devrais avoir honte de ta condition ; il s'agit d'un état de turpitude, non d'un état dont on doit être fier.

Si tu t'enorgueillis de tes biens, c'est là le pire degré d'orgueil. Pense à tous les vils et débauchés qui sont plus riches que toi et ne t'enorgueillis pas d'une chose dans laquelle ils te surpassent.

Tu dois prendre conscience qu'il est stupide de s'enorgueillir des possessions. Les richesses sont des fardeaux qui n'apportent aucun bienfait jusqu'à ce que tu les utilises conformément à la Législation.

Les biens sont également éphémères et fuyants. Il se peut qu'ils s'échappent et que tu les retrouves plus tard ailleurs, peut-être entre les mains d'un autre, peut-être entre les mains de ton ennemi.

S'enorgueillir de tes biens est stupide. Placer ta confiance dans les richesses constitue un piège et une faiblesse.

Si tu t'enorgueillis de ta beauté, pense aux préjudices qu'elle provoque, que nous aurions honte de décrire ici. Tu en auras honte toi-même lorsque ta beauté disparaîtra avec l'âge. Mais nous en avons dit suffisamment par ces mots.

Si les nombreux éloges faits par tes amis te rendent vaniteux, pense aux critiques de tes ennemis. Ta fierté s'évaporera alors. Et si tu n'as pas d'ennemis, c'est que ne se trouve absolument aucun bien en toi, car dans l'échelle des valeurs, rien n'est pire que l'homme qui n'a pas d'ennemis. Cette position est réservée à ceux qui n'ont reçu d'Allah aucune faveur qui mérite d'être enviée (qu'Allah nous préserve de nous trouver dans cette position !).

Si tu penses que tes erreurs sont légères, imagine que quelqu'un les examine et réfléchis à ce qu'il en dirait. Tu ressentirais de la honte et tu te rendrais compte de l'étendue de tes fautes, si toutefois tu possèdes ne serait-ce qu'une once de discernement.

Si tu étudies les lois qui régissent la nature humaine et le développement des différents caractères à partir du mélange des éléments enracinés dans les âmes, tu seras sûrement convaincu que tu n'as aucun mérite pour les vertus que tu détiens. Elles ne sont que des dons du Tout-Puissant qui, s'Il les avait attribués à un autre, l'aurait rendu pareil à toi.

Tu réaliseras que, livré à toi-même, tu t'effondrerais et mourrais. Tu remplacerais la fierté que tu tires de tes vertus par des actes de reconnaissance envers Celui qui te les a donnés, habité par la peur de les perdre. En effet, même les caractères les plus admirables peuvent être altérés par la maladie, la pauvreté, la peur, la colère ou la décrépitude du vieillissement.

Montre de la compassion envers ceux qui manquent de ces dons que tu as reçus. Ne prends pas le risque de les perdre en cherchant à t'élever au-dessus de Celui qui les donne en clamant le mérite de ta personne ou le fait d'avoir droit à ce qu'Il t'a attribué, ou en pensant que tu peux te dispenser de Sa protection, car sans elle, tu périrais instantanément et pour toujours.

J'ai une fois souffert d'une grave maladie qui a causé un enflement de la rate. Je suis devenu angoissé, grincheux, impatient et susceptible. Je me suis reproché cela, ne voulant pas affronter le fait que mon caractère avait changé. Je fus extrêmement surpris d'avoir perdu mes qualités. De cette manière, j'eus une bonne preuve que la rate est le centre du bon tempérament et que lorsqu'elle est malade, il devient mauvais.

Si tu t'enorgueillis de tes ancêtres, c'est encore pire que tout ce que nous avons mentionné jusqu'à présent, puisqu'il s'agit d'une fierté vis-à-vis d'une chose qui n'a pas d'utilité réelle pour toi dans ce monde ou dans celui d'après. Demande-toi seulement si tes ancêtres te protègent de la faim, du déshonneur, ou s'ils t'apportent un bien quelconque concernant ta vie future.

Ensuite, considère ceux qui ont également une bonne lignée, voire une meilleure, ceux qui descendent des Prophètes (paix sur eux) ou de leurs successeurs parmi les Compagnons de Muhammad (paix sur lui) ou des savants.

Pense ensuite à ceux qui descendent des rois non arabes, des empereurs Perses, des Césars, de ceux qui descendent de Tubba' et des différents rois de l'Islam. Regarde ce qu'il reste d'eux et ce qui a survécu. Observe ceux qui se vantent de leur lignée comme tu le fais de la tienne et tu constateras que la plupart d'entre eux sont aussi ignobles que des chiens. Tu verras qu'ils sont bas, extrêmement vils, non fiables. Tu te rendras compte qu'ils sont parés des pires attributs.

Ainsi, tu ne devrais pas te vanter d'une chose dans laquelle de telles personnes te sont égales, voire supérieures.

Les ancêtres qui te rendent si fiers étaient peut-être débauchés, ivres, indécents, frivoles et stupides. Les circonstances leur ont permis de devenir des tyrans et des despotes. Ils ont laissé derrière eux de tristement célèbres archives qui perpétueront leur honte.

Leur crime est immense est leur repentance devra être considérable le Jour du Jugement. Puisque c'est le cas, rappelle-toi que tu tires fierté d'une chose partagée entre le vice, l'ignominie, la honte et le déshonneur. Ce n'est pas quelque chose qui doit être admiré.

Si tu es fier de descendre d'ancêtres vertueux, comme leurs vertus laisseront vides tes mains si tu n'es pas toi-même ainsi ! Comme sera minime la fierté que tes ancêtres tireront de toi dans ce monde et celui d'après si tu n'agis pas en bien !

Tous les hommes sont les fils d'Adam qu'Allah a créé de Ses Mains, lui donnant le Paradis comme lieu de résidence et faisant prosterner Ses anges devant lui. Mais que leur avantage est minime sachant que tous les vices résident chez les humains et que tous les mauvais impies du monde sont issus d'eux !

Lorsque le doué de raison comprend que les vertus de ses ancêtres ne le rapprochent pas de son Seigneur et ne lui font gagner aucune faveur qu'il n'aurait pu obtenir dans une compétition ou par son propre mérite, non pas par leurs biens, quelle logique trouve-t-il à s'enorgueillir d'une lignée qui ne lui est d'aucune utilité ?

Celui qui en est fier n'est-il pas comme celui qui s'enorgueillit de la richesse de son voisin, de la gloire d'une tierce personne ou du cheval d'un autre dont la bride lui aurait appartenu auparavant ? C'est, tel que les gens disent, « comme l'eunuque qui se vante de la virilité de son père. ».

Si ton orgueil te conduit à te vanter, tu seras doublement coupable, car ton intelligence aura démontré qu'elle est incapable de le contrôler.

Cela s'appliquerait dans le cas où tu aurais une bonne raison de te vanter. Imagine donc si tu n'en avais aucune. Le fils de Noé, le père d'Abraham et Abu Lahab, l'oncle du Prophète (paix sur lui ainsi que sur Noé et Abraham), furent parmi les plus proches relations des plus vertueuses créatures d'Allah parmi tous les fils d'Adam. Pour atteindre la noblesse, il aurait été suffisant de suivre leurs pas. Mais ils n'en ont tiré aucun profit.

Parmi ceux qui sont nés de manière illégitime, certains ont atteint les plus hautes positions d'autorité d'ici-bas. Citons par exemple Ziyad [Ibn Abihi] et Abu Muslim Al-Khurasani. D'autres ont atteint des vertus suprêmes à l'image de ceux que nous respectons trop pour les citer dans ce contexte. Nous nous rapprochons d'Allah si nous les aimons et prenons pour modèle leurs glorieux accomplissements.

Si tu t'enorgueillis de ta force physique, souviens-toi que la mule, l'âne et le bœuf sont plus forts que toi et meilleurs dans le transport de lourdes charges. Si la rapidité de ta course te rend vaniteux, rappelle-toi que le chien et le lièvre te surpassent dans ce domaine.

Il est extrêmement étonnant que des êtres doués de raison s'enorgueillissent d'une chose dans laquelle ils sont surpassés par des animaux dénués d'intelligence.

Tu dois savoir que celui qui possède un orgueil ou un sentiment de supériorité enfoui profondément dans son âme doit évaluer la manière dont il supporte l'anxiété, l'adversité, la douleur, la peine, les inquiétudes et les malheurs qui le tourmentent.

S'il se rend compte qu'il les supporte avec une grande difficulté, il doit se rappeler que tous ceux qui sont sujets aux épreuves, ceux qui sont affamés et n'ont rien pour se nourrir par exemple, et tous ceux qui souffrent patiemment ont plus de mérite que lui, malgré leur plus faible compréhension.

En revanche, s'il constate qu'il est capable de patience, qu'il se souvienne que cela ne le rend pas plus spécial que ceux que nous venons juste de mentionner. Il peut être inférieur ou égal à eux, mais il ne leur est pas supérieur.

Ensuite, qu'il examine son comportement. Agit-il de manière juste ou injuste dans son utilisation des dons qu'Allah lui a attribués tels que l'argent, le pouvoir, les esclaves, la santé ou la renommée ? S'il constate qu'il a failli dans son obligation de se montrer reconnaissant envers Le Tout-Puissant, qu'il se trouve à l'extrême limite de l'équité, au bord de l'injustice, il doit se souvenir que ceux qui sont justes, reconnaissants et honnêtes ont été dotés de plus de faveurs que lui et sont plus vertueux que lui.

S'il considère qu'il aime la justice, qu'il se rappelle que l'homme juste est loin d'être orgueilleux, car il connaît la réelle importance des choses, la réelle valeur des caractères, il aime l'équilibre heureux qui se trouve entre deux mauvais extrêmes.

Tu dois te souvenir que si tu oppresses ou maltraites des créatures dont le destin est de t'être confiés par Allah en tant que serviteurs ou sujets, cela montre que tu es doté d'une âme ignoble, un esprit vil, une intelligence faible.

En effet, l'homme sage, par son esprit noble et ses pensées élevées, ne combat que contre ceux aussi forts que lui, à la puissance similaire. S'attaquer à ceux qui ne peuvent se défendre par eux-mêmes est le signe d'une nature infâme, d'une âme et d'un caractère dépravés. Cela démontre que tu es un incapable indigne d'honneur.

L'homme qui agit ainsi s'abaisse au niveau de celui qui se satisfait d'avoir tué un rat, exterminé une puce ou écrasé un pou. Il n'y a rien de plus bas ou vil.

Souviens-toi qu'il est plus difficile de dompter l'ego que les fauves. En réalité, lorsque les fauves sont enfermés dans des cages que les rois ont préparées pour eux, ils ne peuvent plus te nuire. L'ego, en revanche, même enfermé en prison, rien ne te garantit qu'il ne te nuira pas.

L'orgueil est tel un tronc d'arbre : ses branches sont la suffisance, l'arrogance, la condescendance, la prétention et le sentiment de supériorité. Ces termes réfèrent à des concepts très similaires les uns aux autres et difficiles à séparer pour la plupart des gens.

L'homme s'enorgueillit en raison d'un mérite évident. Certains deviennent vaniteux par rapport à leur science, se montrant hautains et dédaigneux envers les autres.

D'autres s'enorgueillissent de leurs opinions et deviennent arrogants. D'autres encore sont suffisants et tombent dans la complaisance. Certains, gonflés par leur renommée et leur haut rang, deviennent condescendants et hautains.

Le degré le plus bas de l'orgueil est lorsque tu te retiens de rire lorsque le rire n'est pas inapproprié, que tu évites d'agir et de réagir rapidement, sauf quand cela est inévitable dans le quotidien. Ce défaut est néanmoins très sérieux. Se comporter de cette manière dans le but de s'atteler au travail ou d'éviter la perte de temps inutile pourrait même être une qualité louable. Cependant, ces gens n'agissent ainsi que par dédain pour les autres et en raison de la fierté qu'ils ont d'eux-mêmes. Ils ne méritent donc que le blâme, car les actes ne valent que par les intentions, et chaque créature sera rétribuée selon son intention.

Il est ensuite plus grave de ne pas être assez intelligent pour garder la fierté à l'intérieur de ses limites légitimes, d'avoir un esprit trop faible et d'atteindre un point où tu fais preuve de dédain et de mépris envers les autres par tes mots et tes actes.

Puis, plus loin encore, lorsque tes sens et ton esprit sont encore plus faibles, que tu atteignes un point où tu désires nuire aux gens par les mots, les coups, leur donner des ordres, commettre des abus, les tyranniser chaque fois que possible, obtenir obéissance et soumission de leur part.

Lorsqu'il est incapable de cela, l'orgueilleux chante ses propres louanges et satisfait sa personne en critiquant les gens et en se moquant d'eux.

L'orgueil peut également exister sans raison aucune ni mérite évident chez l'orgueilleux. C'est là la chose la plus étrange à ce sujet. On trouve que ce phénomène se produit souvent chez les femmes et les hommes qui n'ont absolument aucune qualité : ni savoir, ni courage, ni haut rang, ni noble lignée, ni fortune qui pourraient lui donner une autorité abusive.

Plus encore, une telle personne sait qu'elle n'a aucun mérite, quel qu'il soit, car même l'idiot à qui l'on jette des pierres sait cela.

Seuls ceux détenant une infime quantité de bonnes qualités peuvent se duper eux-mêmes. Par exemple, celui doté d'un peu de raison peut s'imaginer avoir atteint l'extrême limite de l'intelligence. Celui doté d'un peu de connaissances peut s'imaginer être un parfait expert. Celui dont la lignée possède de mauvaises origines et dont les ancêtres ne furent même pas de grands tyrans est plus infatué de sa personne que s'ils étaient les fils de Pharaon.

S'il possède un peu de talent en tant que guerrier, il pense qu'il pourrait faire fuir 'Ali [Ibn Abi Talib], capturer Al-Zubayr [Ibn Al-'Awwam] et terrasser Khalid [Ibn Al-Walid].

S'il n'est qu'à peine connu, il tient Alexandre le grand en basse estime. S'il est capable de gagner un peu d'argent et d'obtenir un peu plus que le strict nécessaire pour vivre, il s'en enorgueillit comme s'il tenait le soleil par ses cornes.

Néanmoins, l'orgueil est une chose peu commune chez de tels hommes, même si ce sont d'admirables personnes. En revanche, cela est commun chez ceux ne possédant qu'une once de savoir, de noblesse, d'argent, de renommée ou de courage. Ils sont traînés par les autres, mais piétinent ceux qui sont plus faibles qu'eux. Même s'ils sont parfaitement conscients qu'ils manquent de toutes qualités, qu'ils en sont totalement démunis, ils demeurent malgré cela arrogants et insolents.

J'ai saisi l'opportunité d'interroger un homme de ce genre, avec tact et délicatesse, sur la raison de son sentiment de supériorité et de son dédain envers les autres. La seule réponse que j'ai pu obtenir fut : « Je suis un homme libre. Je ne suis l'esclave de personne. »

Je lui ai répondu : « La plupart des gens partagent cette qualité avec toi. Comme toi, ils sont libres, excepté un certain nombre d'esclaves qui sont plus généreux que toi et qui te sont supérieurs ainsi qu'à de nombreux autres hommes libres. ». Je n'ai rien pu obtenir d'autre de lui.

J'ai à nouveau réfléchi sur leur cas, plongeant profondément dans le sujet. J'y ai pensé pendant des années et des années, essayant de trouver les raisons qui les poussaient à un tel orgueil injustifié. Je suis parti à la recherche des tréfonds de leurs âmes sans m'arrêter, en me basant sur ce que leurs mots reflétaient de leurs états et de leurs intentions.

Je suis arrivé à la conclusion suivante : ils se sont imaginé avoir une intelligence supérieure, de la clairvoyance et un bon sens du jugement.

[Ils ont cru que] s'ils avaient pu faire usage de ces talents, ils auraient eu d'immenses possibilités, ils auraient su comment diriger de puissants royaumes et leur mérite serait apparu supérieur à celui des autres.

[Ils ont pensé que] s'ils avaient possédé une grande richesse, ils auraient été très doués dans la manière de la dépenser. C'est par cet angle que la vanité a pris possession d'eux et que l'orgueil a pénétré leurs âmes.

Ici, on pourrait faire d'étonnantes digressions et [pointer du doigt] certains paradoxes. Il est un fait qu'aucune vertu, sauf celles de l'intelligence et de la clairvoyance, ne permet de croire que l'on est passé maître en la matière. Plus on est certain d'avoir atteint la perfection dans ces vertus, plus on en manque.

Ceci est tellement vrai qu'on pourra voir un fou nageant en plein délire ou un sot invétéré se moquer d'un homme sain d'esprit. Le déficient mental se moquera des sages, des vertueux et des savants. Les jeunes garçons crieront après les hommes adultes. Les idiots et les insolents mépriseront les gens intelligents et réservés. Même la femme la plus faible pense que l'esprit et les opinions d'un grand homme manquent de vigueur.

En somme, plus son intelligence est faible, plus l'homme s'imagine bien doté et en possession d'excellentes facultés de clairvoyance.

Ce n'est pas du tout le cas concernant les autres qualités : celui qui ne les détient pas en est conscient. L'erreur n'apparaît que chez l'homme qui en possède une petite quantité, même si elle est minuscule, car il imagine ensuite, s'il possède des facultés de clairvoyance limitées, qu'il est doté de cette qualité à son plus haut degré.

Les remèdes de l'orgueil chez de telles gens sont la pauvreté et l'anonymat. Il n'y a rien de plus efficace, car il n'est pas étonnant qu'ils soient mauvais et considérablement nocifs pour les autres. Tu ne les trouves à ne faire rien d'autre que discréditer les gens, attaquer leur réputation, se moquer de tout le monde, mépriser les droits et se permettre toute indiscrétion. Ils vont jusqu'à la limite, au point de risquer de se nuire eux-mêmes et d'entrer en dispute. Ils en arrivent même aux coups pour les raisons les plus futiles qui se présentent.

Il peut arriver que l'orgueil repose caché dans les profondeurs du cœur de l'homme et n'apparaisse pas avant qu'il ne rencontre un peu de succès ou n'acquière un peu de richesses. Sa raison ne peut alors ni contrôler ni dissimuler ce sentiment.

J'ai constaté une chose très étonnante chez certains hommes faibles. Ils sont tellement dominés par leur amour profond de leur petits-enfants ou de leurs femmes qu'ils les décrivent en public comme étant extrêmement intelligents. Ils vont jusqu'à dire : « Elle est plus intelligente que moi et je considère son conseil comme un bienfait. ». Ils font l'éloge de sa beauté, de son charme et de son dynamisme.

Cela se produit souvent chez les hommes très faibles. Ils le font avec une telle insistance et une telle application que si elles avaient été à la recherche d'un mari, il n'y aurait rien eut besoin d'ajouter pour qu'elle soit désirée à partir de leur description. Un tel comportement ne se trouve que chez les âmes faibles, manquant d'amour propre.

Fais attention de ne pas te vanter, car personne ne te croira, même si tu dis la vérité. Au contraire, ils prendront tout ce que tu as dit à ton sujet en te vantant et l'utiliseront comme base pour te critiquer.

Prends garde à faire l'éloge d'une personne en sa présence : ce serait agir comme un vil flatteur.

Prends également garde au fait de prétendre que tu es pauvre. Tu ne gagneras rien d'autre que d'être traité comme un menteur et d'être méprisé par quiconque t'écoute. Tu ne trouveras aucun bienfait en cela et tu auras échoué à te montrer reconnaissant envers les dons que tu as reçus de ton Seigneur. Si tu t'en plains à quiconque, il n'aura aucune pitié pour toi.

Tu dois aussi faire attention à ne pas exposer ta richesse, car tout ce que tu obtiendras de ceux qui t'écoutent sera la convoitise de ce que tu possèdes.

Contente-toi de remercier le Tout-Puissant, de Lui confier tes besoins et de tenir compte de ceux qui Lui sont inférieurs. De cette manière, tu garderas ta dignité et ceux qui t'envient de te laisseront tranquille.

L'homme sage est celui qui ne néglige pas les devoirs que la raison lui impose.

Celui qui tente les autres par ses richesses n'a d'autre choix que de les répartir, et il n'y aurait aucune fin à cela, ou que de les leur refuser, ce qui le ferait passer pour quelqu'un de mauvais et attirerait une animosité générale.

Si tu souhaites donner quelque chose à quelqu'un, fais-le de ta propre initiative et avant qu'il te le demande. Cela est plus noble, moins intéressé et plus louable.

Ce qui est étrange chez l'envie est que lorsque quelqu'un a accompli un travail original dans une branche de la science, tu entends le jaloux dire : « Quel idiot ! Jamais personne n'a émis cette hypothèse auparavant et personne n'y a jamais cru. ». Si la même personne entend quelqu'un exposer une idée qui n'est pas nouvelle, elle s'exclamera : « Quel idiot ! Ce n'est pas une idée nouvelle ! ».

Ce genre de personne est nocif, car il a tendance à obstruer le chemin du savoir et à en détourner les gens dans le but d'augmenter le nombre de personnes comme lui : ignorantes.

La sagesse de l'homme intelligent ne lui est d'aucun profit aux yeux de l'homme mauvais. Ce dernier pense en effet qu'il est aussi mauvais que lui.

Ainsi, j'ai vu certains vils individus imaginer dans leurs âmes corrompues que tout le monde était comme eux.

Ils n'auraient jamais pensé qu'il soit possible, d'une manière ou d'une autre, d'être dénué de leurs défauts. Il n'y a pas de caractère plus corrompu ni d'endroit plus éloigné de la vertu et du bien que cela. Celui qui se trouve dans cet état ne peut absolument pas espérer être guéri. Qu'Allah nous aide dans toutes nos affaires.

La justice est une forteresse au sein de laquelle se réfugient tous les apeurés. En réalité, lorsqu'un tyran se sent oppressé, ne fait-il pas appel à la justice, et ne condamne-t-il pas ni ne méprise l'injustice ? En revanche, tu ne verras jamais l'opposé : quelqu'un condamnant la justice. Ainsi, l'homme équitable de nature peut demeurer en paix dans cette forteresse imprenable.

Le mépris est une forme de trahison, car quelqu'un peut se montrer déloyal envers toi sans te mépriser, mais s'il te méprise, il trahit l'impartialité qu'il doit montrer envers toi. Donc, chaque homme méprisant est déloyal, mais tout déloyal n'est pas méprisant.

Si tu méprises une chose, cela montre que tu méprises celui qui la possède.

Il y a deux situations dans lesquelles il est bon de faire une chose qui autrement aurait été mauvaise : lorsque l'on veut faire un reproche et lorsque l'on veut présenter des excuses. Dans ces deux cas, il est permis de rappeler des bienfaits et des cadeaux passés. Dans toutes les situations en dehors de ces deux, cela serait du plus mauvais goût possible.

Nous ne devons pas critiquer celui qui a un penchant naturel vers un vice, même s'il s'agit du pire défaut, du plus grand des vices, tant qu'il ne le laisse pas apparaître dans ce qu'il dit ou fait. Il mériterait presque plus de compliments que celui qui penche naturellement vers la vertu, car il faut un esprit fort et bon pour contrôler un penchant naturel corrompu.

Attaquer l'honneur conjugal d'un homme est pire que d'attaquer sa vie.

L'honneur est plus précieux que l'or chez l'homme de bonne famille. Il doit utiliser son argent pour protéger son corps, son corps pour protéger son âme, son âme pour protéger son honneur, son honneur pour défendre sa religion. En revanche, il ne doit jamais sacrifier sa religion dans la défense de quoi que ce soit.

Attaquer l'honneur d'un homme est moins grave que de voler ses possessions. La preuve de cela est que presque personne, pas même le plus vertueux, ne peut dire qu'il n'a jamais attaqué l'honneur de quelqu'un, même si cela n'a pu se produire que rarement. Par contre, le vol des biens d'un autre, que ce soit à petite ou grande échelle, est définitivement l'œuvre d'une personne vile et loin de toute vertu.

Faire des analogies entre différentes situations est la plupart du temps trompeur et peut être très erroné. Cette forme d'argument n'est pas acceptable dans les problématiques concernant la religion.

Celui qui suit aveuglément un autre demande à être arnaqué dans ses propres idées alors qu'il considérerait le fait d'être arnaqué dans son argent comme étant le plus grand des crimes. Il a tort dans les deux cas.

L'homme qui considère qu'être arnaqué dans ses biens comme étant le pire des crimes, doit forcément avoir un caractère ignoble, un esprit vil et une âme qui mérite d'être méprisée.

Celui qui ne sait pas où trouver la vertu doit se fier aux ordres d'Allah et de Son Prophète (paix sur lui). Toutes les vertus sont contenues dans ces ordres.

Il est possible de déclencher quelque chose de dangereux en essayant de s'en protéger. Il est possible de dévoiler un secret en tentant exagérément de le cacher. Parfois, il est meilleur d'éviter un sujet plutôt que de faire naître des doutes en y plongeant. Dans chacun de ces cas, le mal provient de l'exagération et du fait de dépasser les limites de la modération heureuse.

La vertu est le milieu entre deux extrêmes [le « trop » et le « trop peu »]. Ces deux extrêmes doivent être blâmés. La vertu, située entre eux, doit être louée, sauf dans le cas de l'intelligence concernant laquelle il ne peut y avoir d'excès.

Il est meilleur de commettre un péché en étant trop strict plutôt qu'en étant trop laxiste.

Il est étonnant de voir que la vertu est considérée comme belle, mais difficile à atteindre et le vice comme affreux, mais facile à commettre.

Celui qui souhaite être juste doit se mettre à la place de son adversaire. Il distinguera alors l'injustice de son propre comportement.

La définition de la rigueur consiste à être capable de distinguer l'ami de l'ennemi. Le sommet de la stupidité et de la faiblesse est l'incapacité de distinguer l'ennemi de l'ami.

Ne livre pas ton ennemi à un oppresseur et ne l'opprime pas toi-même. Traite-le comme tu traiterais ton ami, sans lui faire confiance. Prends garde à le fréquenter et l'aider à s'élever socialement, ce serait le comportement d'un idiot.

Celui qui traite son ennemi de manière équivalente à son ami dans la proximité et dans le fait de l'aider à s'élever socialement ne réussit qu'à faire que les gens évitent son amitié et trouvent facile d'être ses ennemis. Il ne gagnera que l'irrespect de son ennemi en lui confiant sa vulnérabilité. Il perdra son ami puisque ce dernier rejoindra les rangs de ses adversaires.

Le plus grand de tous les actes consiste à se retenir de châtier ton ennemi et de le confier à un oppresseur. Quant à le fréquenter, c'est là la marque des sots qui tomberont bientôt dans la perdition.

Le pire mal consiste à opprimer ton ami. Quant au fait de le tenir éloigné de toi, ce serait l'œuvre d'un homme sans esprit, destiné au malheur.

La magnanimité ne consiste pas à te mélanger à tes ennemis, mais plutôt à montrer de la miséricorde envers eux, sans toutefois leur faire confiance.

Combien sont nombreux les hommes que nous avons vu s'enorgueillir de leurs biens et donc tomber dans la perdition ! Garde-toi de ce comportement, il est vraiment nocif et totalement inutile.

Combien sont nombreux ceux que nous avons vu tomber dans la perdition à cause d'une chose qu'ils ont dite ! En revanche, nous n'avons jamais entendu parler de quelqu'un s'étant perdu en gardant le silence. Ainsi, tu ne dois parler qu'en vue de satisfaire ton Créateur. Et si tu crains que ce que tu vas dire soit mal interprété, alors garde le silence.

J'ai rarement vu une opportunité perdue se représenter.

L'homme traverse de nombreuses épreuves durant sa vie, mais les pires sont celles infligées par ses compagnons. Le mal fait par un homme envers un autre est pire que le mal fait par les bêtes sauvages ou les serpents venimeux, car tu ne peux pas te protéger totalement de la race humaine.

L'hypocrisie est la chose la plus répandue chez les gens. Il est étonnant de constater que, malgré cela, les gens n'aiment que ceux qui les traitent de manière hypocrite.

Si nous disions que les caractères étaient ronds comme un globe, car leurs extrêmes se rencontrent, nous ne serions probablement pas loin de la vérité.

En effet, nous voyons ce que les deux types de pleurs de douleur ont comme conséquences : l'amour excessif conduit à commettre autant d'erreurs successives que la haine excessive et peut causer l'éloignement si le bien-aimé manque de patience et d'équité.

Si un homme est dominé par une passion naturelle, alors, peu importe combien il est ferme et sensible dans d'autres situations, il peut être vaincu si tu attaques ce point faible.

Un esprit trop suspicieux apprend à mentir. En effet, il a souvent besoin de se justifier par le mensonge. À force de le pratiquer, il finit par le trouver facile.

Le témoin le plus impartial contre un homme sincère est son visage. Il s'assombrit aussitôt qu'il ment ou qu'il s'apprête à mentir.

Le témoin le plus implacable contre un menteur est sa propre langue. Elle s'emmêle et se contredit.

Il est une plus grande catastrophe d'avoir un ami déloyal, plutôt que de le perdre.

Ceux qui affichent le plus de dégoût lorsqu'ils parlent à haute voix d'actes honteux sont les plus aptes à les commettre. Cela peut clairement être perçu dans l'insolence affichée par les enfants des rues et dans les insultes des hommes vils ayant atteint le sommet de la vilenie en pratiquant des métiers infâmes.

Ces hommes et ces femmes gagnent par exemple leurs vies en jouant de la flûte, en balayant les basses-cours, en travaillant comme servants dans les abattoirs, en fréquentant les maisons closes considérées comme lieux de rencontre par les gens des classes les plus basses et garçons d'écurie.

Personne ne les maltraite plus qu'eux-mêmes ne se maltraitent. Plus que quiconque, ils crient au scandale alors qu'ils se sont vautrés dedans en premier lieu et ont acquis les pires réputations par cela.

Les rencontres font fondre les rancunes. On peut penser que lorsque les regards s'échangent, les cœurs s'apaisent. Ne te torture pas si ton ami rencontre ton ennemi, car cette rencontre diminuera la rancune de ce dernier envers toi.

Les pires malheurs qui peuvent s'abattre sur les hommes sont la peur, l'angoisse, la maladie et la pauvreté. Cependant, la chose qui fait le plus cruellement souffrir l'âme est l'angoisse de perdre ceux qu'elle aime et de voir quelque chose qu'elle déteste se produire.

Après cela viennent la maladie, puis la peur, puis la pauvreté. La preuve en est que les gens accepteraient volontiers la pauvreté pour éviter les douleurs de la maladie. En effet, l'homme recherche ardemment la santé et dépense sans compter pour la retrouver lorsqu'il craint la mort. Quand sa fin est certaine, il souhaiterait pouvoir donner toute sa fortune pour être sauvé et guéri.

La peur est supportable quand elle chasse l'angoisse, car un homme cherche de toute son âme à éliminer l'angoisse.

La pire de toutes les maladies est celle qui cause une douleur persistante dans un seul et même organe.

En revanche, pour le noble d'esprit, l'humiliation est moins supportable que tous les malheurs que nous avons décrits. D'un autre côté, c'est celui que les esprits perfides redoutent le moins.

Chapitre 11 : Les caractéristiques de l'âme

Le sage ne doit pas juger par les apparences lorsque le pleurnicheur implore la miséricorde, prétendant qu'il est opprimé, se plaint, se tord dans tous les sens et se lamente. Face à un homme qui se comporte de cette manière, je suis devenu certain qu'il est lui l'oppresseur ayant dépassé les limites et commis de graves abus.

De même, j'ai vu un homme supporter l'injustice, parler calmement sans se plaindre et n'afficher que peu d'inquiétude. À première vue, sans observer plus en profondeur, tu l'aurais pris pour l'oppresseur.

Dans des cas comme celui-ci, il est important d'établir les faits, de combattre avec fermeté nos tendances à prendre parti, de ne pas pencher vers ou contre de telles attitudes que nous venons de décrire, et de chercher à être impartial en toute situation, car la justice nous l'impose.

Une chose étonnante concernant la nature humaine est que l'insouciance est mauvaise alors qu'il est bon de savoir comment l'utiliser parfois. Cela ne peut s'expliquer que par le fait qu'un homme qui penche naturellement vers l'insouciance fait appel à elle dans les situations dans lesquelles il doit se montrer vigilant. Dans ce cas, il fait preuve d'inconscience sans aucun sens de la réalité. Son insouciance est soumise à l'ignorance, c'est la raison pour laquelle elle est mauvaise.

D'un autre côté, l'esprit vigilant de nature n'utilise l'insouciance que dans un bon objectif, lorsqu'il ne doit pas étudier ou plonger en profondeur dans un sujet. Ici, prétendre ignorer quelque chose signifie comprendre la réalité, refuser d'agir précipitamment, faire preuve de modération et empêcher le pire de se produire. Il est donc louable de savoir comment prétendre ne pas écouter et mauvais d'être naturellement inattentif.

On pourrait dire la même chose concernant le fait d'admettre avoir peur ou de le cacher. Afficher clairement que l'on est troublé dès que l'on commence à rencontrer des difficultés est mauvais, car cela signifie que tu ne peux pas te contrôler et ta démonstration d'émotion ne sert aucun but utile. En effet, la Législation divine recommande ce qui va à l'encontre de cela. Cela t'empêche d'accomplir ce qui doit être accompli et de faire les ajustements nécessaires en vue des évènements que tu anticipes et qui pourraient être plus terribles que la situation présente qui a donné naissance à cette peur.

Donc, étant donné qu'il est mauvais de laisser ta peur apparaître, le contraire est bon : afficher de la patience, car cela signifie que tu contrôles ta personne. Tu t'es détourné des actes inutiles vers l'action profitable et utile, à la fois immédiatement et dans le futur.

Quant au fait de cacher ta patience, cela est également mauvais, puisque tu passerais pour un insensible, au cœur dur, manquant de miséricorde. Ces défauts ne se trouvent que chez les mauvaises personnes, de nature vicieuse, cruelle et chez les âmes viles.

Tout cela étant hideux, l'opposé, qui consiste à cacher le fait que tu es troublé, est louable, car c'est une marque de compassion, de douceur, de charité et de pitié.

On peut donc affirmer que le juste milieu, pour un homme, consiste à avoir une âme sensible dans un corps impassible. C'est-à-dire que ni son visage ni son comportement ne doivent afficher de signe qu'il est perturbé.

Si seulement l'homme dont le jugement est faible connaissait les maux que ses mauvais calculs lui ont causés jusqu'à présent, il trouverait à l'avenir le succès en cessant de se fier à son jugement. Qu'Allah nous guide.

Chapitre 12 : Le désir d'apprendre chez l'Homme

Il y a des désirs dont quasiment personne n'est exempt, sauf celui dont les pensées sont totalement viles et celui qui s'est entraîné à travers une discipline parfaite et a complètement dompté le pouvoir de son âme colérique.

Pour guérir le désir avide que l'âme ressent envers le fait de saisir l'information qu'on veut lui cacher ou de voir l'objet qu'on cherche à lui dissimuler, tu dois réfléchir à toutes les choses semblables qui lui échappe, aux endroits où elle n'a pas été, sans parler des zones de la terre les plus éloignées. Celui qui s'en inquiète est complètement fou ou manque totalement de raison.

En revanche, celui qui ne s'en inquiète pas, la chose qui lui est cachée n'est-elle pas en réalité absolument identique à ces choses qui ne l'inquiètent pas ? Il doit multiplier les arguments dirigés envers son désir et doit s'adresser à son âme avec la voix de la raison : « Ô mon âme, si tu ne savais pas que se trouvait ici une chose qui t'es cachée, penses-tu que tu te serais inquiété de la connaître ? ».
La réponse serait sans aucun doute : « Non. »
Ensuite, il doit dire à son âme : « Agis comme si tu ne savais pas que quelque chose t'est caché. Tu pourras ensuite te détendre, être capable de faire disparaître ton angoisse, calmer ta douloureuse agitation et ta détestable avidité. ».

Voilà les nombreuses victoires, les gains considérables et

les nobles ambitions auxquels l'homme sage aspire et que seul méprise celui qui en est totalement démuni.

Quant à l'homme qui a l'ambition et l'obsession de diffuser sa renommée dans chaque pays et de voir sa mémoire traverser les siècles, qu'il réfléchisse et dise à son âme : « Ô mon âme, si tu étais glorieusement connue dans tous les pays du monde, pour toute l'éternité, mais sans que tu n'en saches rien, penses-tu que tu serais satisfaite et heureuse de cela ou non ? ».

La réponse sera sans aucun doute : « Non. » Toute autre réponse serait impossible. S'étant convaincu de cette vérité, l'homme doit comprendre que lorsqu'il sera mort, il n'aura aucune possibilité de savoir s'il est célèbre ou non. De plus, il n'en saura rien non plus pendant sa vie si personne ne l'en informe.

Il doit également prendre deux points en considération.

Le premier est qu'il y eu par le passé un grand nombre de vertueux Prophètes et Messagers d'Allah (paix sur eux) dont personne sur la terre ne se souvient du nom, dont il ne reste aucune trace, aucun souvenir, aucun récit, ni même la moindre chose à leur sujet.

Deuxièmement, il a existé, parmi les bons et les vertueux, des hommes qui furent les compagnons des Prophètes dans les temps anciens, des ascètes, des penseurs, des savants, des hommes excellents, des rois de nations ayant disparues, des fondateurs de cités maintenant désertées, des courtisans de princes dont l'histoire ne nous est pas parvenue. Aujourd'hui, personne ne sait rien à leur sujet et personne n'a la moindre connaissance de leur existence passée. Est-ce que cela à nuit à quiconque parmi eux était vertueux ? Cela a-t-il diminué leur mérite, détruit leurs bonnes œuvres, rabaissé leur rang auprès du Créateur Tout-Puissant ?

Laissez-moi dire à quiconque qui n'était pas déjà au courant de cela qu'il n'existe nulle part dans le monde le moindre bout d'information au sujet des souverains de cette terre ou des anciennes générations qui précèdent la connaissance historique des humains, qui débutent avec les rois des d'Isra'il. D'autre part, tout ce que nous connaissons de l'histoire des souverains de Grèce et de Perse ne remonte pas plus loin qu'il y a deux mille ans.

Où sont les souvenirs des hommes qui ont peuplé cette terre avant eux ? N'ont-ils pas, en réalité, totalement disparu et été totalement oubliés ?

C'est pourquoi le Tout-Puissant a parlé des « **Messagers dont Nous ne t'avons point raconté l'histoire** »[1].

Allah a également dit :

« **(...) de nombreuses générations intermédiaires !** »[2]

« **(...) de ceux qui vécurent après eux, et que seul Allah connaît** »[3]

Même si le souvenir d'un homme persiste pendant une courte période, est-ce que cela le rendra différent de ceux qui ont vécu durant les temps anciens, dans des nations qui ont disparu et dont le souvenir a également persisté un court moment avant d'être totalement perdu ?

Nous devons également penser à ceux qui furent célèbres pour leurs bonnes œuvres ou leurs mauvaises actions. Est-ce que leur renommée les a élevés d'un seul degré auprès d'Al-

---

1   Sourate 4 : Les Femmes, verset 164.
2   Sourate 25 : Le Discernement, verset 38.
3   Sourate 14 : Abraham, verset 9.

lah ? Leur a-t-elle fait gagner une récompense autre que ce qu'ils ont récolté de leurs œuvres pendant leur vie ?

Puisque c'est ainsi, le désir d'être célèbre n'est rien d'autre que le désir pour une chose absolument inutile et qui n'a aucun sens. Le sage doit au contraire seulement aspirer à multiplier ses qualités et ses bonnes œuvres qui accordent par elles-mêmes le mérite d'une bonne réputation, l'éloge, la recommandation et la renommée louable qui le rapprocheront de son Créateur et seront utiles auprès du Tout-Puissant. Il demeurera dans cet état bénéfique et ne sera jamais perdu pour l'éternité. L'aide provient d'Allah.

La gratitude envers un bienfaiteur est une obligation impérative. Pour t'en acquitter, tu dois au moins lui rendre le bien qu'il t'a fait, et plus encore. Tu dois ensuite montrer de l'intérêt pour lui, le protéger autant que possible, tenir fidèlement les promesses que tu lui as faites, durant sa vie ou après sa mort, ainsi qu'à ses proches, à la fois éloignés et rapprochés. Tu dois donc continuer de lui montrer de l'affection et de le conseiller. Tu dois faire que ses qualités soient connues et cacher ses défauts. [Ces obligations t'incombent] pour le reste de ta vie et doivent être transmises à tes descendants et à ceux que tu aimes.

En revanche, cela ne fait pas partie de la gratitude que d'aider quelqu'un à commettre un péché sans le conseiller dans le cas où il se fait du tort à lui-même ici-bas et dans l'au-delà. De même que le fait de le tromper, nier ses faveurs, d'agir injustement envers lui et échouer à reconnaître son bien.

La bonté et la bienfaisance d'Allah envers chacune de Ses créatures sont bien plus considérables, pérennes et salutaires que celle de n'importe quel bienfaiteur. En effet, c'est le Tout-Puissant qui a ouvert tes yeux pour que tu voies, qui a percé tes oreilles pour que tu entendes. C'est Lui qui nous a attribué les autres sens excellents et dotés de la parole et du discernement, deux bienfaits grâce auxquels nous avons été capables d'entendre Ses paroles.

Il a mis à notre service tout ce qui existe dans les cieux et sur la terre, les étoiles et les éléments, et n'a placé aucune de Ses créatures au-dessus de nous, à l'exception de Ses anges, habitants des cieux. Que sont les cadeaux des hommes comparés à cela ?

Celui qui pense qu'il remercie son bienfaiteur en l'aidant à faire le mal, ou en prenant son parti quand il ne faut pas, nie les bienfaits du plus grand des bienfaiteurs et échoue à reconnaître ses dons. Il ne se montre pas reconnaissant envers Celui à qui appartiennent toutes les gratitudes. Il ne loue pas Celui qui est l'essence du mérite, c'est-à-dire Allah le Tout-Puissant.

Quiconque s'interpose entre son bienfaiteur et le mal, le ramenant vers l'amère vérité, aura montré la vraie gratitude et aura parfaitement rempli ses obligations envers lui.

Louanges à Allah au début, à la fin et en toute circonstance !

Chapitre 13 : Assister aux assises du savoir

Si tu assistes à une assise de savoir, comporte-toi seulement comme quelqu'un qui désire augmenter ses connaissances et gagner une plus grande récompense de la part d'Allah.

Ne te comporte pas comme celui qui est satisfait de ce qu'il possède, cherchant un défaut à critiquer ou un détail curieux à colporter. C'est là le comportement des hommes vils qui ne réussissent jamais dans leurs études.

Si tu t'y rends avec de bonnes intentions, tu obtiendras toujours les meilleurs résultats. Autrement, rester chez toi serait moins fatigant pour ton corps, meilleur pour ta conduite morale et plus salutaire pour ta vie religieuse.

Si tu y assistes selon les conditions que nous avons indiquées, prends soin d'adopter l'une de ces trois attitudes, et il ne peut y avoir de quatrième.

Premièrement, tu dois garder le silence de l'ignorance. Ainsi, tu obtiendras la récompense de ton intention d'assister aux assises de savoir, des éloges pour ta réserve, de la dignité dans ton comportement et l'amitié de ceux que tu fréquentes.

Deuxièmement, si tu ne te conduis pas ainsi, pose les questions que celui qui souhaite apprendre poserait. Tu obtiendras alors, en plus des quatre avantages que nous venons de mentionner, un cinquième qui est l'augmentation de ton savoir.

Ce qui caractérise une telle question est qu'elle ne concerne que les points que celui qui la pose ne connaît pas, non pas les points qu'il connaît. Interroger au sujet de ce que l'on connaît déjà est une preuve d'incapacité et de faiblesse d'esprit. Il ne s'agit que de palabres et d'une perte de temps pour soi et pour les autres. En agissant ainsi, tu ne feras qu'attirer l'aversion et ne produiras que du pur verbiage. Ne t'amuse donc pas, c'est un vilain défaut.

Si celui que tu interroges te répond suffisamment, cesse le questionnement. Si sa réponse n'est pas satisfaisante, ou si tu ne la comprends pas, dis-lui : « Je ne comprends pas. » et demande-lui de développer. S'il ne s'explique pas plus clairement, qu'il reste silencieux ou qu'il répète ce qu'il a dit précédemment sans rien ajouter, garde le silence, sinon tu ne t'attireras que des problèmes et de l'aversion, sans obtenir l'éclaircissement désiré.

Troisièmement, tu peux répondre comme un savant le ferait, c'est-à-dire réfuter clairement les arguments avancés.

Si tu n'es pas capable de répondre de cette manière, si tu ne peux faire autre chose que de te répéter ou si tu réponds par des arguments que ton adversaire ne trouvera pas convaincants, n'insiste pas, car tu ne gagneras aucun résultat supplémentaire ni aucune information en te répétant.

Tu ne réussiras qu'à t'agacer et à provoquer de l'hostilité entre vous deux, ce qui pourrait avoir de fâcheuses conséquences.

Garde-toi de poser les questions d'un homme plein de préjugés ou de répondre à la manière d'un vantard voulant avoir raison sans rien connaître du sujet. Ces deux attitudes sont mauvaises. Elles témoignent d'un manque de piété, d'une grande tendance au verbiage, d'une faiblesse d'esprit et d'une vanité considérable. Remettons-nous-en à Allah qui est notre meilleur soutien.

Si certains propos te sont exposés oralement, ou si tu parcours un texte écrit, ne réagis pas violemment, ce qui te conduirait à des abus de langage, avant de t'être assuré par des preuves irréfutables que les idées exprimées sont incorrectes.

Tu ne dois pas non plus les accepter avec l'enthousiasme du crédule et en être convaincu avant de t'être assuré de leur véracité par une preuve irréfutable.

Dans les deux cas, tu aurais fermé les yeux sur la vérité et lui aurais tourné le dos. Au contraire, examine ce qui t'est présenté à la manière de celui qui n'est ni contre, ni pour, de celui qui veut comprendre, du mieux de ses capacités, ce qu'il a entendu et lu, dans le but d'augmenter ses connaissances, d'adopter de nouvelles idées si elles sont bonnes et de les rejeter si elles sont incorrectes. Il ne fait aucun doute que si tu te comportes ainsi, tu seras la plupart du temps récompensé, grandement loué et ton mérite sera reconnu.

L'homme qui se satisfait de ce qu'il possède et n'envie pas ton opulence est aussi riche que toi, même si tu es Crésus. Si cet homme résiste à l'appât du gain auquel tu as succombé, il sera plus riche que toi.

Quiconque s'élève au-dessus des choses de ce monde en face desquelles tu t'agenouilles est plus fort que toi.

Il est un devoir religieux pour les Musulmans que d'enseigner le bien et de le mettre en pratique. Celui qui fait ces deux choses à la fois accomplit deux actes vertueux à la perfection.

En revanche, celui qui se contente d'enseigner le bien sans le mettre en pratique agit bien par l'enseignement, et agit mal en échouant à mettre ses enseignements en pratique. Il mélange donc la bonne œuvre avec la mauvaise.

Ce cas est préférable à celui de la personne qui n'enseigne pas le bien, pas plus qu'il ne le pratique. Cependant, un tel homme, en dépit de son manque de vertu, mérite plus d'être imité et est moins blâmable que celui qui interdit l'enseignement du bien et s'oppose à ceux qui le pratiquent.

Si seul l'homme totalement dénué de péché avait le droit d'interdire le mal, si seul l'homme parfait pouvait enseigner le bien, plus personne n'aurait interdit le mal ni ordonné le bien après le Prophète (paix sur lui). Cela devrait suffire à te rendre claire la corruption, la vilenie et l'opprobre de celui qui pourrait penser de la sorte.

Abu Muhammad, qu'Allah soit satisfait de lui, a dit :
« Voici quelqu'un qui proteste en disant :
« Lorsqu'Al-Hasan [Al-Basri] interdisait une chose, il ne la commettait jamais, et quand il ordonnait une chose, il s'appliquait fermement à la mettre en pratique. La sagesse implique que nous agissions de la même manière, car il a été dit que rien n'est plus odieux que de prêcher pour une chose sans la mettre en pratique, ou de prêcher contre un acte, puis de le commettre. » ».

Abu Muhammad ajouta alors :
« Celui qui a dit cela a menti. Il existe quelque chose de plus hideux qui est de ne pas prêcher en faveur du bien et à l'encontre du mal et de se permettre également de mal agir et de ne pas faire le bien. »

Abu Muhammad dit ensuite :
« Abu Al-Aswad Al-Du'ali a dit ceci :

« N'interdis pas un vice que tu t'es autorisé, car une grande honte tombera sur toi. Commence par ta personne et interdis-toi tes propres mauvaises actions. Si tu cesses de t'y adonner, tu deviendras un homme sage. Tes sermons seront ensuite acceptés, les gens prendront exemple sur ton savoir et tes enseignements seront profitables. » ».

Abu Muhammad continua :

« Abu Al-Aswad souhaita seulement condamner celui qui a commis une mauvaise action après l'avoir interdite aux autres. Une telle action sera doublement mauvaise, car ayant été commise par la même personne l'ayant interdite. Le poète avait raison, car c'est ce que le Tout-Puissant a dit :

« Commanderez-vous aux gens de faire le bien, et vous oubliez vous-mêmes de le faire »[1]

On ne peut penser qu'Abu Al-Aswad ait voulu exprimer une autre idée. Quant au fait de supposer qu'il ne voulait pas qu'on le condamne pour une mauvaise action, qu'Allah le protège de cela ! Ce serait agir comme l'homme vil. Voici un récit véridique au sujet d'Al-Hasan : lorsqu'il entendait quelqu'un dire que seul celui qui n'a jamais commis aucun mal avait le droit d'interdire le mal, il répondait : « Shaytan aimerait que nous croyions cela. Alors, plus personne ne pourrait interdire le mal ou ordonner le bien. ». Al-Hasan avait raison, et c'est ce que nous avons dit auparavant. »

Qu'Allah nous accorde d'être parmi ceux à qui Il a permis de pratiquer le bien et parmi ceux qui distinguent le chemin droit, car personne n'est dénué de défauts. Celui qui perçoit ses propres faiblesses oubliera celles des autres. Qu'Allah nous permette de mourir sur la Sounnah de Muhammad (paix sur lui). Amine, Ô Seigneur des mondes !

---

1   Sourate 2 : La Vache, verset 44.

Nos autres éditions

100 Trésors de l'Islam : principes du Coran et de la Sunna pour une vie meilleure — Samir Doudouch

La Guérison des Âmes — Ibn Al-Jawzi

Les Bienfaits de l'Épreuve — Al 'Izz ibn 'Abd Al-Salam & Ibn Al-Qayyim

Le Réveil des Cœurs — Ibn Al-Jawzi

Tafsir Sourate Al-Fatiha — Ibn Al-Qayyim & d'autres

Le Livre de L'Amour — Ibn Taymiyya

La Piété envers les Parents — Ibn Al-Jawzi

Le Livre du Comportement — Ibn Qudamah

Le Bonheur Véritable – Ibn Al-Qayyim

La Vie d'Ici-Bas – Ibn Qudamah

Le Livre du Repentir – Ibn Hazm